転職の女王が大公開！

不滅のハローワーク

八汐田《ヤシオダ》 藍《ラン》

教育評論社

転職の女王が大公開！　不滅のハローワーク　目次

第1章

転職常識のウソ

となりの芝生は本当に青い？
～移った職場は52ヶ所～

第2章

職業別奮闘編
～不滅のハローワーク～

第3章

転職を迷うあなたへ
ささやかな安定を失うのが、そんなにコワイですか？

イラスト　ゆづきいづる
装丁・本文デザイン　長坂勇司

はじめに

31歳のとき、私はそれまで勤めていた会社を突然、リストラされました。

正社員だったにもかかわらず、「明日から来なくていい」と言われたのです。

そのときは途方にくれましたが、これを契機に私の転職人生が始まりました。

何度も転職するうち、正社員かパートかアルバイトかといった待遇に縛られるのは、意味がないことに気がつきました。

もっと大切なことは、その仕事を「楽しいと思えるかどうか」。

働くことで、自分の人生をどんどんハッピーにすることができると、気がついたのです。

そして、今、「この仕事が一番楽しい」と思える仕事にめぐり合いました。

本書では、私の52回もの転職を通して、見て、聞いて、感じたことをありのままに書きました。

私の数々の大失敗が、皆さんの天職探しの参考になれば、大変嬉しく思います。

日本は豊かな国です。仕事の種類、会社の数、星の数ほどあります。たった一つか二つの会社でうまくいかないからって、自分をあきらめるのはもったいない！

あなたがイヤな仕事をきっぱり辞め、楽しいと感じる職に就いてくれることを心より祈っています。

第1章

転職常識のウソ

となりの芝生は本当に青い？
～移った職場は52ヶ所～

うわ～ この仕事 楽しそう～～
こっちの仕事も すてがたい～～
キラ
キラ
キラ
求人！
転職 しようよ！

仕事はやってみなけりゃわからない

あなたは今の仕事に満足していますか？　心の底からやりがいを感じていますか？　これから先もずっとその仕事を続けていきたいと思っていますか？

もし、迷わず「もちろん！」と答えられるとしたらそれはとても幸せなことです。でも、世の中には、多かれ少なかれ現在の仕事に何らかの不満を抱え悩んでいる人が大勢います。

「自分に向いている」と思って入社したはずが、いざ働いてみると思い描いていたイメージと現実があまりに違っていて、「こんなはずじゃなかった」と落胆《らくたん》している人が何と多いことでしょう。

「お給料が安い」「残業が多い」「休みが思うように取れなくて自分の時間が持てない」「重労働で毎日クタクタである」「単純な仕事ばかり押しつけられて気が滅入《めい》る」……さまざまな不満を抱えている人があなたの周りにも、きっと大勢いるはず。

もしかすると、あなた自身もそんな悩みにさいなまれている最中かもしれません。

高収入が期待できそうだな、と楽しみにして入ってみたら、実はかなり怪しい悪徳商法まがいだった……なんてこともあるでしょう。

華やかな仕事だと思って足を踏み入れてみたら、そこは「イジメ」が渦巻く世界ですっかり胃を悪くしてしまったり、素敵な出会いを期待し、胸ときめかせて入ったけど、出会いどころかセクハラの猛攻撃にあってしまったり。

また、最近では、居心地のいい職場をせっかく見つけたけれど、運悪くリストラで退職せざるを得ないこともあるでしょう。

悪徳商法、イジメ、セクハラ、リストラ……。そこまでひどい目にあう人はまずいないと思うでしょうが、実はこれらのことはすべて私自身が実際に経験したことです。

だから、もう仕事をするのはうんざりか？　というと、まったくそんなことはありません。

自分に合った仕事をしっかり見つけて働いています。

仕事って実はとても楽しいものなんですよ。

こんな私が皆さんに言えることはただひとつ。

それは「仕事はやってみなけりゃわからない」ということです。

一発で天職と思えるような仕事にめぐり合えれば一番いいのですが、そうした幸運に恵まれる人はごく少数。

しょせん、仕事はやってみなければ自分に合っているかどうかはわかりません。

だとしたら、そんな仕事に出会うために転職するのはやむを得ないことなのです。

いま現在、そしてこれから先、転職に悩む人のために、自分の壁を乗り越え、人生を楽しむための方法をお話ししますが、難しい理屈をならべるつもりはありません。

それにそもそも自分らしくいられる毎日を手に入れるのに、理屈なんて必要ないんです。

いっぱい、いっぱい回り道をしながらやっと青い鳥を見つけた私自身の体験をもとにわかりやすくお話ししますので、どうかお役に立てていただきたいと思います。

それではまず最初に、転職につきまとうマイナスイメージを払拭《ふっしょく》することから取りかかりましょう。

私たちは、なぜ転職をマイナスと考えてしまうのでしょうか？

まずはこの点について考えてみたいと思います。

転職はマイナスと考える日本

残念なことに現在の日本では、心配性な国民性ゆえにか「転職」はマイナスのイメージがつきまといます。

これは主に次のような理由によるのではないでしょうか。

まずは「**収入面でのマイナス**」です。

転職先での給料が、転職前より大幅にアップすることはめったにありません。

それどころか下がることの方が多いかもしれません。

特別な才能や経験があれば転職先で給料が上がることもあるでしょうが、一般人の場合、転職によって収入が増えることはあまり期待できません。

転職しないで居残れば、わずかながらでも昇給するでしょうし、ボーナスだって貰えるでしょう。

でも、転職した当初は、こうした恩恵を受けることもできなくなってしまうのです。

２番目は「**立場上のマイナス**」です。

転職先で正社員の立場を確保できるとは限りません。

特に、バブル崩壊後は正社員の雇用を絞り、パートや派遣社員を多く採用する企業が増えています。

このような厳しい状況のもとでは、転職先でも正社員として働けるという保証はありません。

最近では正社員とパートの処遇の格差は是正される方向にあるものの、社会保障や福利厚生などの面も含めて考えると、まだまだパートには不安が残ります。

3番目は「**人間関係上のマイナス**」です。

「住めば都」といいますが、慣れ親しんだ職場というのは、それなりに居心地がよいもの。

あえて居心地のよい職場を離れて新しい会社に移るには、やはりそれ相応の覚悟が必要です。

特に、人間関係には気を遣います。

仕事を教えてもらうためには、新しい上司や同僚に頭を下げなくてはなりません。

上司だけではありません。かなり屈辱的なのが、自分よりも年下の人間にもあれこれと気を遣わなくてはならないことです。こうした気苦労は想像以上に大きなものです。

かなり強い意志を固めて転職したつもりでも、早々に弱音を吐いている人を多く目にしました。

辞めてみて初めて、やっぱり慣れた職場は居心地がよかったと気づくようです。単なるわがままで辞めると、そんな後悔をする結果になります。

ところで、転職を本気で考えている方にこれだけは約束して欲しいことがあります。

「転職の鉄則」として「やっぱり前の職場がよかった」と意地でも言わないこと！　たとえそれが本音でも、辞めた後でいくら嘆いてもどうにもならないからです。

４番目は「**世間体上のマイナス**」です。転職して、「カッコいいねえ、さすがだよ」なんてホメられることは絶対にありません。

それどころか、周囲からは「根気がない」とか「飽きっぽい」とか思われます。こうしたレッテルを貼られても、なお、堂々と振る舞うのは、よほど意志がしっかりしていないとできません。

特に私の年代から上の世代の人たちには、「転職なんてもってのほか！」という考え方が定着しています。

「天職」なんて言葉も使わない時代です。

与えられた仕事はどんなにつらくても生涯やり通すもの、という考え方です。

「やりがいを探しています」なんて言ってもわかってもらうのは不可能でしょう。

そんな大人たちから冷たい視線を浴びながらも、自分の道をひたすら進まなくてはならないのです。


このように、転職にはさまざまなマイナスがつきまといます。

そして、これらのマイナスの壁を打ち破るのはなかなか大変なことです。そのため、多くの人が転職に二の足を踏んでしまっています。

これが欧米なら、転職はキャリアと見なされプラスイメージとしてとらえてもらえるのに、日本ではまったく反対なのですからガッカリです。

だからといってめげてはいられません。大事な自分の人生です！

日本の風潮ごときに振り回されていては、楽しい人生はゲットできませんからね。

52回転職してわかった転職の実態

転職はチャンスです。ところが、多くの人がこのチャンスをみすみす逃しています。

その理由は、先に見た「転職のマイナス面」が、転職への挑戦意欲を押しつぶしてしまうから。

さらに、転職意欲を喪失させる理由は他にもあります。それは「先輩の助言」です。

私は転職回数が多いだけに、たくさんの「先輩」たちに出会ってきました。いつも、転職を意識したときには、職場の先輩に相談したものです。

すると驚いたことに、「どこへ行っても同じだよ」と、どの人もまるで申し合わせたかのように同じことを言うのです。

この助言を素直に受けた私は、「多くの先輩がそう言うのだから、きっとどの会社に行っても同じなのだろう」と思っていました。

でも今思えば、先輩の助言はまったくアテにならないものだったのです。

なぜなら、**先輩たちは転職の経験などほとんどなかった**のですから、実態がわかるはずなんてないのです。

皆さんももし、誰かに相談したくなったら、転職経験を何度かしている人に聞くべきでしょう。

初めての転職を密かに夢見る私に、転機がおとずれたのは22歳のときでした。

勤務条件のとても良い会社を広告で見つけたのです。

でも、いざ転職するとなると、自分一人では心細いので、仲の良い同僚を誘ってみました。

彼女たちとは毎日職場のグチをこぼしあっていたので、「私も一緒に転職する」と言ってくれると思っていました。

ところが、私の期待は見事に裏切られました。誰一人、転職に踏み切ってくれませんでした。

彼女たちは、「どこへ行っても同じ」という先輩の助言に縛られ、チャンスに向かって一歩進むことを拒んだのです。

仕方なく私は一人で転職することにしました。

結果はどうかというと、これが大成功！

当時私はゴルフ場のキャディをしていましたが、「同じゴルフ場でありながら、こんなにも違うのか！」というほど、そこは居心地満点のパラダイス。

待遇はもちろんのこと、人間関係も良好で、社内の設備も申し分ありませんでした。

「これまでの先輩たちの助言は、いったい何だったんだろう」と、このときほど感じたことはありませんでした。

有名な漫画家の福本伸行氏をご存知でしょうか。彼は20歳のころ、希望を胸に、ある有名な漫画家のアシスタントとして働いていたそうです。

ところがある日、先生に「君は漫画家に向いていない。トラックの運転手にでもなった方がよい」と言われてしまいました。

尊敬する先生からの宣告です。

漫画家に見切りをつけて別の道に進んでもおかしくありません。

でも、彼はそうしませんでした。夢を捨てず、自分の力を信じて突き進んだ結果、漫画家として成功することができました。

もし、福本氏が先生の助言にしたがっていたら、今の輝かしい姿はなかったことでしょう。

これでおわかりでしょう?

いつまでも先輩たちのアテにならない助言に縛られていたら、せっかくのチャンスを見逃してしまいます。結局のところ自分は自分、人は人、自分の目で見ないことには始まりません。

52回という転職を経験した私が見た転職の本当の実態は、思ったほど大変ではありません。

もし「ここは厳しい！」と感じたときは、仕事が厳しいのでも自分が悪いのでもなく、単に自分に合っていなかった、というだけのことです。

そう気づいたなら、合うところを探せばいいのです。

あなたに合った場所は必ずあるのですから。

理由はどうあれ、まずは片っ端からやってみよう

誰だって何度も転職したくはありません。

「これだ！」と思える仕事に一発でめぐり合えれば一番いい。

しかし、なかなかそうはいきません。

私の場合、本当にやりたい仕事に出会うのに21年間もかかってしまいましたが、そんな私が言いたいことは、**「頭でばかり考えずに、片っ端からやってみよう！」**ということです。

難しく考える必要はありません。

好きこそものの上手なれ、です。興味のある仕事からどんどんチャレンジしていくことがすべてです。


とは言っても最近は、自分が何に興味があるかわからない、という人が増えています。

とにかく深く考えず、単純な発想でいきましょう。

たとえば、「短時間で高収入を得たい」とか「毎日、気楽に働きたい」といった、簡単な思いを選択の理由にしてもいいのです。

一見すると不真面目にうつりますが、あなたがこうした部分に惹《ひ》かれるのであればそれでいいのです。

「短時間で高収入が得られる」と思って仕事に就いたからといっても、実際にやってみたら、高収入ではあったけれど、心身ともにグッタリするところだった、なんてこともあるでしょう。

でもそのことで、「自分が望んでいたのは高収入だけではなかった」というあなたの本当の気持ちに気づくことができます。

「気楽に働ける」と思って見つけた仕事も、いざやってみると責任はないかわりにただ暇なだけでウンザリする職場だったなんてこともあるでしょう。

そこから、自分が実は仕事にやりがいを求めていたと気づくことだってあります。

ひとつの仕事を経験するたびに、**別のあなたが必ずみえてくるはず**。

いずれにしても、やってみて現実と向き合ってみないことには、いつまでたっても「となりの芝生」が青く見えるばかりです。

女性の場合、自分で仕事を決められず占いに頼ったり、親や友人に薦められるままに就職するなど、まったく人任《まか》せなケースもあります。

私は、こうした方法を選んでしまうのも頭から否定はしません。

私自身、どんな仕事に就けばよいのか、「誰か教えてくれないか?」と悩んだこともたくさんあるからです。

でも、占い師や親、友人は、あなたが本当にやりたいことなど知りはしません。

自分の目で見て、しっかり体験してください。

自分に合う仕事にたどりつくまで、片っ端から挑戦してみてください!

きっと自分の意外な才能を発見しますよ。

宝探しをする感覚でいきましょう! 求人広告を見るのがワクワクするはずです。

しがらみを振り払え。世間体を気にするな

「よし！　やりたい仕事に挑戦しよう！　転職に踏み切ろう！」と思ったときに、最後まで頭の中で抵抗するものがあります。

それは家族や友人の顔、そして世間体です。

「とことん自由にやってみよう」と発奮するものの、頭の隅にはいつもこの厄介者が居座っています。

そして、せっかくのやる気と希望を一瞬のうちにかき消してしまいます。

この厄介者の存在によって、夢をあきらめ、志半ばにして断念してきた人を私は何人も見てきました。

もしかしたら、ほとんどの人がそうかもしれません。

もちろん、親を泣かせたり他人に迷惑かけたりするような、自分勝手な夢へのチャレンジはよくないと思います。

また、後々他人の手をわずらわせるような事態をまねいてもいけません。

それらを踏まえた上で、私はこう言いたいのです。「しがらみを振り払え！」「枠《わく》を打ち

破れ!」と。

私だって、本当は両親の喜ぶ顔も見たいし、世間体だって気になります。

でも、それを気にしていると、いつまでたっても小さな枠の中でしか行動できません。だから私は思い切って振っ切ったのです。

実際、私がその後手がけた仕事は、決して親が喜ぶようなものではありませんでした。美容師も、トリマーも、キャディも経験しましたが、親はことごとく反対していました。それでも私はやってみたかったのです。そして今では、やってよかったと思っています。親の寂しそうな顔や、友人の呆れ顔はさすがに少しこたえますが、自分に正直に行動しなければ、きっとあとで悔やんでいたはず。

世の中には、好きでもない仕事に就き、「食べていくために仕方なくやっている」という人がたくさんいます。

その仕事に就いたとき、家族は喜んだにしても、自分が楽しめないなら何の意味があるのでしょうか?

人の目なんて気にすることはないのです。

みんなに見せるために仕事をするのではないのですから。

イヤイヤ仕事をしていると、ストレスがたまりグチが増えるので、結局は家族や友人をウンザリさせる結果になります。

グチを聞かされる方はたまったものではありませんからね。

となりの芝生が本当に青いのかどうか？　納得するまで自分の目で確かめてみるべきなのです。

となりの芝生は青いかな？
とりあえず
踏んでみよう！

いつも自分の「欲」だけが転職理由だった

転職回数の多さがモノを言う、という時代がくれば、私は間違いなく大出世をするでしょう。

参考までに、私が関わった職種をざっと挙げてみました。

美容師、トリマー、八百屋、プールの監視員、教材の営業、オリジン弁当、居酒屋、ミスタードーナツ、補整下着の販売員、大手電気メーカーの独身寮の賄《まかな》い、フロアレディ、幼児専門のバトンインストラクター、ペットシッター、お菓子メーカーの事務、薬局、移動販売のパン屋、キャディ、結婚相談所のカウンセラー、病院の売店、スーパーのレジ、ゴルフ練習場の喫茶と受付、クラブのカウンター、化粧品販売員、スポーツクラブの受付、保育士、歯医者の受付、引っ越し屋、ポスティング、工場の流れ作業……などなど。

職種はたしかこのぐらいですが、お弁当屋さんは3ヶ所、キャディとしてゴルフ場を5ヶ所、ホステスはお店を5ヶ所、と同業種の職場の転職も経験しているので、私が身をおいた職場の数は52ヶ所にもなります。

しかも、選んできた仕事はまったく統一性がなく、サービス業あり、事務あり、営業あり、肉体労働あり、と人が聞いたらきっとあきれることでしょう。

また、アルバイトで気楽に入ったつもりが、あまりにも楽しくて長く続いてしまったところもあれば、今度こそはここに骨を埋めるぞ！　と気合を入れて行ったにもかかわらず、あっさり辞めてしまった職場もあります。

あまりにも目まぐるしく転職してきたので、両親から「今何やってるの？」とも聞かれなくなってしまいました。

こんな私を、飽きっぽい性格と思う人もいるでしょう。

自分で言うのも何ですが、私は相当ねばり強い性格です。ただ、好奇心が強いだけです。

これだけは何度も繰り返しますが、**実際にやってみなければ、自分の適職は決してわかりません。**

自分は人と話すのが好きだし、体を動かすのも好きだし、字を書くのも嫌いじゃないし、という具合に頭の中でいくら分析しても、適職はわかりません。

私の場合、字を書くのは嫌いじゃありませんが、事務職は死ぬほど退屈で、二度とやるまいと思いました。

最終的にはサービス業が一番性《しょう》に合っているという結論にたどりつきましたが、今までの転職経験がすべて、今の自分の人生に活かせることを肌で感じています。

これまでに履歴書をいったい何枚書いてきたことでしょう。

もちろん、不採用になった回数もかなりになりますから、100枚くらいは書いているかもしれません。

面接も何回受けたことでしょう。

長い長い自分探しの旅でした。

でも決して飽きっぽかったのではない。私の希望の数だけ転職があった……そう思っています。

希望、といえば聞こえがいいですが、**欲の数だけ転職した**といった方が正しいかもしれません。

「楽してお金を儲《もう》けたい」、「キレイなカッコをして働きたい」……欲はどこまでいっても尽きることがありませんからね。

18歳で高校を卒業したとき、絶対に一流の「美容師」になるつもりでした。

そのために通信教育も受け、先輩にののしられながらも技術を覚える努力をしました。

にもかかわらず、結局10ヶ月でその職場を辞めてしまいました。

「絶対になる！」とそのときは心に固く誓ったとしても、中に入ってみれば状況が変わることだってあります。

ある程度慣れてきて、仕事を覚え始めても少しも「楽しい」と感じてこなかったら、それは自分に「向いていない」可能性が高い。

適職は、必ず楽しい！　という気持ちがわいてくるものだからです。

まだ世間のことなど何も知らない18歳の私が美容師になる夢を描き、1年ほどで挫折したときは途方にくれました。

あれから約20年、まさかこんなに転職をするとは夢にも思いませんでした。

そこには涙あり、笑いあり、怒りあり、喜びあり。

あなたのゴールはどこなのか？　と聞かれたら、実は私にもはっきりわかりません。

きっと永遠にたどりつけないのかもしれません。

それは人間の「欲望」には限りがないから。

そして私の「希望」にも限りがないからです。

現在私は、こうしたたくさんの転職経験を活かして「エンジョイライフコンサルタント」として、転職や職場でのトラブルなどのアドバイスをする仕事をしています。

みんなが仕事と人生を「エンジョイ」できるように、と今はこのコンサルタント業にたどりつきました。

これまでの私の失敗も成功もすべて活かせて、誰かの役に立てる、この仕事が最後に私を待っていたのか！　と自分でも驚いています。

これから全国を講演してまわり、転職の必要性をお話しし、「眉間にシワ」のある人を少しでも減らしていかねば、と考えています。

でも今は大満足しているこの仕事ですら、5年後10年後には、また別の仕事に就いているかもしれません。

それならそれでかまわないと思っています。

52回の転職が教えてくれた一番大事なことは、**仕事＝我慢ではない**ということ。

絶対に「楽しい」ことの方が多い。

そのことを自分の目で、体で、確かめてきた私だからこそ、そうはっきり断言できるのです。

実は、エンジョイライフコンサルタントとして生きる道を決めた今でも、私はひとつのアルバイトを続けています。

それはパチンコ屋さんの軽食コーナーでのアルバイト！

その仕事は生計の足しにするためというより、「楽しい」から続けています。

職場の人が楽しく、上司が優しく、食事付きで環境もいい。

できれば一生ここにいたい！　そう思える職場です。

もし私が超大金持ちになってもう働く必要がなくなっても、この職場は辞めないかもしれません。

そんなところって、あるんですよ。

私は今、心から天職だと思えるエンジョイライフコンサルタントの仕事と、楽しく気軽に働けるパチンコ屋さんの仕事の二足の草鞋《わらじ》をはいて、自分の人生を心から楽しんでいます。


人生って本当に面白い。汲《く》めど枯れぬ井戸のようなものなんですね。

でも、もしかしたらもっと楽しいことがあるかもしれない。

こうして、今の私はまだまだ尽きぬ「夢」を追いかける日々です。

第2章

職業別奮闘編
～不滅のハローワーク～

52回の転職経験の中から、
特に印象深い仕事をご紹介します。
皆さんの参考になれば幸いです。

第2章／職業別 奮闘編～不滅のハローワーク～

01 美容師

こっちは徹夜だったんだよ！
がしがし
熱い！痛い！助けて!!

カリスマにはほど遠い。

私が高校を卒業して初めて勤めたのが美容室でした。手先の器用さには自信があったので、腕もすぐに上達するだろうとナメてかかっていました。しかし、そんなに甘くはありませんでした。まず初めはひたすらシャンプーの練習のみ。

美容室での勤務が終わると毎日毎日夜10時、11時まで新人同士でお互いの頭をシャンプーし合います。

たかがシャンプーと思いきや、手の動かし方、お湯のかけ方、難しいのなんの。

ある程度カタチができてきたところで、先輩のシャンプーをさせてもらい、判定テストが行なわれます。

このテストにパスしないとお客様のシャンプーはさせてもらえません。

私は早くお客様のシャンプーがしたくて一生懸命練習しました。

見習い中は昼間一日中お店の中にいます。仕事は先輩の助手しかさせてもらえません。用事が何もなく突っ立っていなければならないことも多く、居場所がない。

これが、つらい、つらい。

せめてシャンプーを任されるようになれば、突っ立っている時間がなくなるので、とにかく一日も早くテストに合格したい。

美容業界は華やかなようですが、厳しい先輩が多く、お客様の前だろうとどこだろうと、ほんの少しの失敗をしても大声で怒鳴られ、手を引っぱたかれました。

それがはたして愛のムチであったのか今となってはわかりませんが、社会人1年生の18歳にとっては「イジメ」としか感じられませんでした。

悔しい、悲しい、つらい、と泣きながら毎日を過ごしていました。

やっとシャンプーのお許しが出てからは、少しだけ仕事らしい仕事をさせてもらえるようになりました。しかしここからが実はもっと大変。

今度は毎晩、パーマのロット巻きとブローの練習です。

せっかくの休日にも都内の有名な美容室に行って研究してこいと言われ、講習会に参加。休日返上で一年中休むことができません。

当時、見習いで入った新人は私を含めて4人いましたが、私が一番先に辞め、あと2人も次々に辞めたと聞きました。

残った一人は実家が美容室だったので、最終的には逃げ場があったようです。

「手に職をつける」という意味では、それなりに覚えなければならない基本的な技術はいろいろあって大変ですが、死ぬほど難しいということはありません。

ただ、一人前になるまでには早くても5年ぐらいはかかるでしょう。それまでは休日抜きで毎晩遅くまでの練習が欠かせません。

しかも見習い中のお給料は10万円を切ります。

遊び盛りの年齢でこれに耐えられるとしたら、**よほど強い意志や夢がないと無理**でしょう。

この過酷な見習い時代さえ突破して、カットの技術を習得しさえすれば、晴れて「技術者」と呼ばれ、お給料もグンとアップします。

後輩もどんどん入ってきて、店内の清掃などの雑用は一切しなくてよくなります。

美容師はヘアスタイルだけでなく、メイクの技術の習得も必須《ひっす》です。

最近では流行のネイルアートの技術も必要になってくるかもしれません。

美容室は女性だけが利用するわけではありませんので、男性のヘアスタイルにも敏感でなければいけないでしょう。

「美容」関係が好きなら、大勢の人を素敵にしてあげる美容師の仕事はやりがいは十分。

いつかは自分のお店を持つという夢があれば、つらい見習い時代も苦にならないかもしれませんね。

「キミは過酷な見習い時代を我慢できるか」

どんな人が向いているか	ひとつのことに集中できる人
仕事の大変さ	一人前になるまでが超ハード
給　　料	見習い中8万円～10万円 技術者18万円～25万円
仕事のやりがい	努力がキャリアアップにつながるのでやりがいはある
残業はあるか	けっこうある
お休みは取れるか	定休日は火曜のところが多い 他の休みは取りづらい

第2章／職業別 奮闘編～不滅のハローワーク～

02 トリマー

犬が好きならいいってもんじゃない！

美容師がイヤになってきたころ、「トリマー」という職業が注目され始めていました。

シャンプーやカットなど、犬や猫のお手入れをする仕事です。

人間の美容師と違って国家試験を受ける必要もなく、比較的簡単にライセンスが取れて、短期

間で独立することもできます。

美容室のように大げさな設備がなくても、シャワーとドライヤーがあればどこでも開業できます。

自宅でもできます。


動物が大好きな私は、迷わず「これだ！」と思い、さっそく電話帳でスクールを探しました。

私が見つけたのは個人でやっているスクールでした。入学金も安く、そろえる教材は本が2冊とカットのための道具セット、合計でも20万円ほどだったと思います。

大きな専門学校へ行くよりも、短期間でしかもマンツーマンで安く資格が取れるので絶対おススメです。


技術的に難しいのは、慣れるまではハサミの使い方が大変なところ。でも人間のようにシャンプーの仕方に決まりはないし、何より犬は文句を言わないし、カットの形も犬種によって決まっているので、一度覚えればあとは簡単。

私の場合は、週に2回、2時間の授業でわずか半年でライセンスを取ることができました。

美容師のときとは大違い。ここまでは「ツライ」と感じることもなく、ラクラクと進めていけたと思います。

ライセンスにはA級、B級、C級とあって、C級が一番下のランクなのですが、就職するにも独立するにもまったく差はありません。

とりあえずC級のライセンスを取った私は、どうせならB級も目指そうと思い、スクールに引き続き通っていました。

と、ところが……。ある日、事件が起きました。

担当していた**ワンちゃんのお腹の部分をうっかりハサミで切ってしまったの**です。

犬が暴れたわけでもなく、ワンちゃんはおとなしくしていたのに……。

可哀相にワンちゃんは傷口を何針も縫《ぬ》う結果になってしまいました。

しかもその子はお腹を切られたにもかかわらず、キャンキャンと鳴くこともせずジッと我慢していたのです。

飼い主さんには先生が謝りに行ってくれました。

「あんなにおとなしい犬を傷つけてしまうようでは……」とそのことがあまりにもショックで立ち直れず、ハサミを持つのが恐くなってしまい、トリマーを辞める結果となりました。

トリマーの仕事は比較的簡単に資格も取れるし、動物たちは本当に可愛いし、人間関係で悩まされることも少ないので、途中で辞める人は比較的少ないようです。

お給料体系は月給制のところもあれば、1匹4000円の犬を担当した場合、半分の2000円を本人が貰《もら》えるというようなシステムになっているところもあります。

1匹にかかる時間は2時間が平均ですので、1日に取りかかれる数は3匹が限度でしょう。

一日立ちっぱなしですが、ボーッと立っているわけではないのでそれほど疲れません。

なんといっても、仕上がった後のペットたちを見るときは嬉《うれ》しいものです。**ひとつの作品を手がけた達成感と満足感**を感じます。

毎日可愛い動物たちと接するのは楽しくて癒《いや》されます。

ただ、おとなしくしている犬や猫ばかりではないので、かなり厳しく扱わなくてはならないときもあり、どうにもならなければガツン！　とやらないと仕事になりません。

ボヤボヤしていたらこちらが噛《か》まれてしまいますからね。

言うことを聞くまで怒らなければなりません。

犬好きの私には犬を怒ることがツラくてなかなかできませんでした。

ただ「犬が好き」というだけではできないということも、覚えておいてください。

「仕上がったときの達成感は最高」

どんな人が向いているか	ペットに感情移入しすぎない人
仕事の大変さ	暴れる犬などには手を焼くが 仕事自体はハードではない
給　　料	1ヶ月12万円～20万円
仕事のやりがい	開業も夢ではない やりがいはかなりある
残業はあるか	決まった時間に飼い主に 手渡すので残業はない
お休みは取れるか	予約制なので休みは取りやすい

第2章／職業別 奮闘編～不滅のハローワーク～

03 スーパーの八百屋さん

実は狙《ねら》い目。意外に楽しい八百屋の仕事

トリマーを辞めた私は次の仕事を探すことになりました。

ちょうど20歳になったばかりのころ、スーパーの中に入っている八百屋さんでアルバイトを始めました。

主な仕事は野菜の袋詰めやパック。単純な作業でつまらなそうに思えますが、これがけっこう面白い。

野菜の袋詰めの作業は野菜によって詰め方が違い、品数も多いので、目先も変化に富んでいます。その日に店頭に並べる分だけをパックするので、それほど大量ではありません。集中して作業できるちょうどいい量です。

工場の流れ作業とはまったく違い、意外に楽しい作業です。

求人広告を見ていてもこの「八百屋部門」はなかなか空きがありません。

それだけ辞める人が少ないということです。

仕事中はずっと立ちっぱなしですが、適当なところで休憩もさせてくれるので、それほど疲れません。

実はこの八百屋さんがスーパーの中では一番楽な仕事です。汚れないし、気も遣わない仕事だと思います。

私の中では「いい思い出」しか残っていない仕事の一つです。

スーパーに行くと、キャベツや白菜などがキレイにラップされて売られていますよね？

あのラップのラッピング作業が本当に楽しい。

仕事場にはラップ専用の機械があって、家でラップするのとはわけが違います。実にラクラクとラッピングができるようになっています。

店頭に並べたり、重いものを持ったりする役目は社員の男性がやってくれるので、女性は裏で指示された野菜を箱から出して詰めるだけ。

何人かの女性が並んで作業をするのですが、のんきにおしゃべりしながらでも十分仕事ができました。

大きなミスをしてみんなに迷惑がかかる職場でもないので、ピリピリした雰囲気もなく和気あいあいとしているところが多いようです。

野菜部門と比べると魚や肉は鮮度との勝負なので、社員の男性が殺気立っているところもあります。

でも野菜はそんなに急に腐ったりしませんから、野菜部門はの～んびり。

しかも鮮魚部門や精肉部門は、鮮度を保つために、作業する場所の室温もかなり低くなっているので、それだけでもキツイ。

スーパーでの仕事は、初めはアルバイトで入ったとしても、何年か頑張っていると正社員への道も開けます。

人前に出るのが苦手な人には特におススメの仕事です。時給も決して悪くはないはず。

フルーツの味見もちょくちょくさせてくれますよ。

スーパーならたいていは自宅のそばに一つか二つはあるはずです。

通勤に苦労することもないでしょう。

スーパーのアルバイトといえば「レジ係」が定番、というイメージですが、**実は八百屋さんが狙い目。**

美容師、トリマーと、自分のやりたい仕事に挑戦してきたものの挫《ざ》折《せつ》してしまった私でしたが、この八百屋でのアルバイトで「やってみたら意外に楽しい」仕事もあると気づきました。

「意外な穴場。のんきなムードで癒される」

どんな人が向いているか	手仕事が好きな人
仕事の大変さ	5時間～8時間は立ちっぱなし だが仕事はラク
給　料	時給800円程度
仕事のやりがい	バイトから正社員への昇格もある やりがいは意外にあり
残業はあるか	めったにない あっても30分くらい
お休みは取れるか	早めに言えば ほぼ希望通り取れる

第2章／職業別 奮闘編 ～不滅のハローワーク～

04 薬局の販売員

この商品はすっごく効くんですよ！
じゃあ、それをくれる？
筋肉痛ですか？
コリコリ
花粉
カゼ

気分はお医者様

ひと昔前は薬局といえば小さなお店が主でしたが、最近では大きなドラッグストアがたくさんできてきました。ドラッグストアには薬剤師の資格を持っている人が1人いればよく、あとはほとんど資格を持たない人が働いているのが現状です。

薬剤師には高給を払わなければならないので、スタッフ全員を薬剤師にしたのでは薬局がパンクしてしまいます。

不思議なもので、あの白衣を着ていると誰でも立派な薬剤師に見えてきます。私の次の仕事はこの薬局での仕事でした。

「薬」は種類が豊富で飽きないのでは、と興味を持ったのが選んだ理由でした。

実際、薬は漢方から、ダイエット関係のサプリまで、面白いものがたくさんあって見ていて飽きません。

白衣を着て立っていると、こちらがただのアルバイトとも知らずにお客さんがいろんな相談をしてきます。

水虫や便秘など、さまざまな症状の相談をされるので、的確にそれに合った薬を出してあげる必要があります。

そのためにはある程度事前に勉強しておかなければなりません。

私は薬剤師さんに教えてもらいながら、毎日一生懸命いろいろな薬の名前を覚えました。

胃薬ひとつとっても症状によって飲む薬がまったく違うのです。

錠剤、粉末、液状のもの、漢方系のもの。

あまりにもいろんな種類があるので、だんだんどれを薦めていいかわからなくなってきます。

でもそんなときは簡単。

どの薬局にも「売りたい商品」というのが存在します。

「売りたい商品」というのは、効能が素晴らしいわけではなく、薬局側の儲ける率が高い薬のことです。

製薬会社によって薬局に還元する金額の割合が違うので、パーセンテージが高い会社の薬を薦めるように指示されます。つまり自分の店が儲かる薬を売りたいのです。

私は裏側を知ってしまったので、現在は薬局に行っても相談して買うことをしなくなりました。

本当は親身になって相談にのってくれているかもしれないのに、ついつい「今薦めているその薬の方がお宅の薬局が儲かるんでしょう?」と勘ぐってしまいます。

薬剤師の資格は国家試験で、取得するのにそれなりに年月とお金がかかります。ですが、実は薬局を開業できる資格はさらにもうひとつあるのだそう。

それが何という名称の資格だったかは忘れてしまいましたが、その資格を取って独立して薬局をやるんだ、と言って必死で勉強している人がいました。

その人は30代後半の男性で、かつて暴走族のリーダーでした。

その彼が今ではすました顔で白衣を着て薬を売っているのですから、人生ってわからないものですね。

ところで、白衣を着るとついつい、お医者さんのような気分になってしまいます。

薬のことをよく知らないお客様に、いかにも何でも知っているかのように対応。自分が薦めた薬が売れるとちょっとした優越感を感じます。

初めはただのアルバイトでも、知識をどんどん身につけて**ステップアップしていける職場**です。ドラッグストアには薬だけでなく、日用品もズラリと並んでいるのでとにかく飽きません。

薬のことを勉強しているうちに病気にも詳しくなるので日常にもしっかり活かせます。

私はどちらかというとバラエティーに富んだ商品を扱うのが好きなのかもしれません。スーパーの野菜部門も薬局も、たくさんのものに囲まれて飽きないので、自分にとっては楽しい仕事と思えたのですから。

仕事をしていると知らなかった自分の個性が見えてくるから面白いですよね。

「仕事しながら知識が増える。日常生活の役にも立つ」

どんな人が向いているか	人にアドバイスするのが好きな人（おせっかいタイプ）
仕事の大変さ	専門知識を要するので勉強の必要あり　仕事はラク
給　料	薬剤師資格があれば時給2500円～、資格なしは800円程度
仕事のやりがい	症状に合わせた薬を選んで薦める接客はやりがいがある
残業はあるか	なし
お休みは取れるか	少人数の職場だと定休日以外は取りづらい

第2章／職業別 奮闘編 ～不滅のハローワーク～

05 キャディ

10年やってみたけれど

美容師、トリマー挫折の後、20歳を過ぎた私は、今度はお給料がたくさん貰える仕事をしたくなりました。

欲しいものがたくさんあったからです。

そんなとき求人広告を見ていたら、近所のゴルフ場の記事が出ていて「キャディ募集　月給手取り25万円以上可能」と書いてありました。

体力には自信があったし、それに何と言っても給料がずば抜けていい！

当時、大卒の初任給がだいたい12、3万円という時代でしたので、25万円といえば倍の額です。

さっそく電話をして面接を受け入社しました。この業界は若ければめったに面接で落ちることはありません。こうして約2ヶ月間の研修期間が始まりました。

ゴルフの「ゴ」の字も知らなかった私は、ゴルフ用語やコースを覚えるのにひと苦労でした。

ゴルフ用具にはドライバーとか、スプーンとか特殊な名前がついています。ゴルフボールにもそれぞれのメーカーごとにいろんなネーミングがあり、これをすべて覚えておかないと仕事にならないのです。

この研修は思ったより厳しく、敬語の使い方やゴルフ場特有のマナーまでみっちりたたき込まれます。

私は歯を食いしばってようやく研修期間を終えました。

研修を終えると、ようやくキャディとしてデビューできます。

一人前になり、コースに出てしまえば、上司や同僚に見張られることなく接客できるのでとても気楽です。

見習い期間を終え、実際に貰ったお給料は広告どおりの25万円でした。時には30万円近くなることもありました。

お給料は良い、出勤は7時か8時と早いのですが、帰宅時間は平均3時から4時と信じられないくらい早い。それにお客様からはチップが貰える。とこの3つがこの仕事の良いところ。

毎月これほど高いお給料が貰えて、拘束時間が短い仕事は他にはありませんでした。

けれど良いことばかりではありません。女だけの職場なので、イジメもチラホラあります。

キャディには気の強い人が多く、その中には恐いオバサンもいます。

私はそれがイヤで耐えられず、キャディの年齢層の若いゴルフ場に転職をすることにしました。

転職先のゴルフ場はイジメもない、ゴルフもできる、お給料も良い、制服も可愛い、最高の職場でした。新しいゴルフ場での仕事は楽しくてあっという間に8年の月日が流れました。

けれど慣れてくるとだんだんと小さな不満が出てくるものです。いつの間にか「辞めたい」が口癖になっていました。

ところが！　ゴルフ場の経営悪化である日突然「リストラ」されてしまったのです。

あれほど辞めたいと思っていたはずが、いざ辞めさせられるとなると急に不安が襲ってきました。

上司に、恥も外聞もなく泣いて頼んでみましたが駄目でした。

今思えば、このリストラこそが私の転職熱に火をつける結果となったのですが……。

このときは無理矢理辞めさせられて、自分の中で整理がつかず、キャディという職業に未練が残っていました。特に高いお給料には未練がありました。

けれど「もう辞めたかった」という気持ちがあったのは事実なのです。

その一番の理由は、キャディの仕事がどこか「**差別**」されているのに耐えられなかったからです。

仕事の種類に優劣はない、と思いたいけれど、それは結局は理想であって現実は甘くありません。

肉体労働は「頭を使わない」というイメージのせいか、どうしても下に見られがちです。

真夏の炎天下でも好きな時に水も飲めず、どしゃぶりの雨の中でも傘もささず、ひたすらボールを追いかけていると、時には惨めな気分になってしまいます。

コースから戻ると、お客様にはその日のキャディの良し悪しを判定するための用紙が渡されます。

そこには「優・良・可」と書かれ、○をするようになっています。

毎日こんなふうに査定されるのはとても憂鬱なことでした。

お客様から、まるで使用人でも呼ぶかのように「おい！」と呼ばれたり、ぐずぐずしていると「チッ！」と舌打ちされたりします。

もちろん良いお客様もたくさんいるし、楽しい日の方が多いのですが、毎日が体力勝負のこの仕事。

体を壊して休めば一銭にもなりません。

何十年と体を酷使している先輩たちは、体のあちこちに故障を訴えていました。

キャディを定年まで勤めるのは至難の業です。

そうやって頑張って仕事を続けても退職金はスズメの涙。

相場は30年勤めた人で約100万円~150万円というところでしょう。

これもひとつの「差別の結果」です。

また何年仕事を続けてもキャリアがアップするわけでもなく、お給料も上がりません。

どんなに優秀なキャディも、今日入社したばかりの新人キャディも**お給料はほぼ一緒**です。

そして何よりもイヤだな、と思ったのが……先輩たちの「お顔」です。

長年、直射日光を浴びてきた結果できてしまった「**シミ・シワ**」。

このシワが半端じゃないのです。

まだ50代だというのに、まるでマンガの意地悪ばあさんのような口の周りの深いタテジワ!

「あ~、このまま私もあんなふうになるのはイヤ!!」と正直思ってしまったのです。

お給料の良さだけを考えて、後のことは一切気にしなければ続けられたでしょう。ですが、私はもう二度とこの仕事をしたいとは思いません。

頑張っても頑張っても、結果が反映されないような仕事はやりがいがありませんからね。

頑張った結果が「深いシワ」だけだなんて、あんまりじゃありませんか?

私はこの職業に10年を費やしました。たしかにお金は貯まるけど、直射日光を浴び続けた結果はずっと後になって出てくるのです。

20代のころに浴びた紫外線は、40歳を目前にした私に容赦なく「シミ」の嵐で襲いかかってきています。

仕方なく皮膚科でレーザー治療を受け、何とかごまかしていますが、毎年増えていくシミを鏡で見てはタメ息です。

金銭面ではまあまあの満足度ですが、はっきり言って**美容面ではかなりマイナス**な仕事です。

「差別、肉体労働、シミ・シワの三重苦」

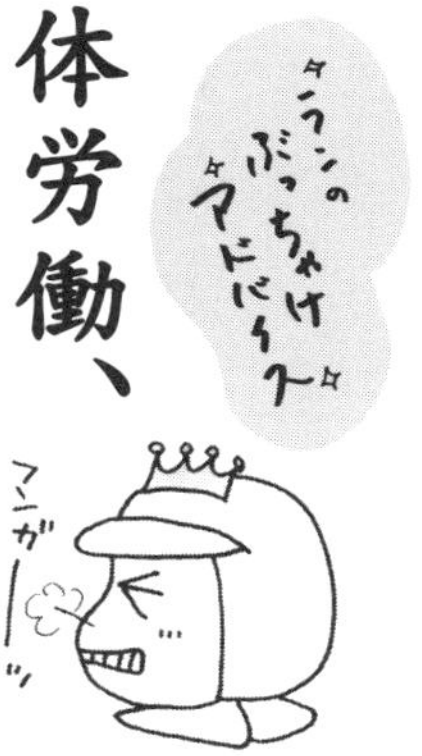

どんな人が向いているか	気が強い人
仕事の大変さ	超ハード
給　料	パートは日給8000円くらい、社員は9000円～12000円程度
仕事のやりがい	1日1日は充実しているが、キャリアアップにつながらない
残業はあるか	あるが、どんなに遅くとも日没まで
お休みは取れるか	1ヶ月前から申告すればほぼ希望どおり取れる

第2章／職業別 奮闘編～不滅のハローワーク～

06 教材の営業

毎日が勝負

ゴルフ場をリストラされた私は、次に「大学入試向け教材の営業」の仕事を始めました。

10年もの間、キャディとして自分なりに全力で頑張ったつもりでしたが、その努力は少しもお給料やボーナスに反映されませんでした。努力しても認められない仕事はもうイヤ。だから能力給の職に就きたいと考えたのです。

求人広告の中で最もお給料が高額になりそうなところを選んで面接に行きました。

20代から30代前半までの10年、私は「高給」にかなりこだわっていました。

とにかく「金、金」という状態。

そのとき、私が選んだ会社は「月給80万円以上も可能」と書いてありました。

面接会場には20代前半の若者ばかりが20人ほど集まっていました。

最初にかなりうさんくさい説明をされ、何人かはその時点で入社をあきらめ去って行きました。

なぜってあまりにも熱弁で、ネズミ講ビジネスの説明でも聞いているかのようだったのですから。

私も「ここはヤバイかな?」という思いが一瞬、頭をかすめましたが、「80万円」の魅力にはかないませんでした。

好きな日から来ていい、と残った全員に言い渡され入社が決定。（全員が面接に合格する時点でかなり怪しい……）

入社後、2週間ほどは決まったセールストークをひたすら丸暗記する日々でした。

「金、金」状態の私はとにかく一日も早くデビューしたくて必死でマニュアルを覚えました。

そして早々に営業に出させてもらい、またたく間にトップセールスレディとなってしまったのです。

月収は80万円とはいきませんでしたが、初任給は50万円近く手取りで貰いました。

かなり怪しい職場だとは思っていましたが、きちんと約束どおりお給料をくれたのでホッとしました。

ウキウキの私はそれから2ヶ月、3ヶ月と商品を売りまくり、「期待の新人」と呼ばれました。

さあこれで私のリッチでバラ色の人生の始まり、と思いきや、そう話がうまくいくわけはありません。

営業職は、ある程度の期間トップの座を保ち続けると、そのうち外回りはしなくてもよくなります。部下の指導にあたるだけで高収入を保証されるようになります。

うまくいっていたと言っても、現場で契約を取ってくるには大変な苦労があります。

早く外に出なくてもいい日がくればいいな、と頑張っていたある日、**突然商品がまったく売れなく**なってしまいました。

扱っている商品に自信が持てなくなってしまったことが原因でした。

初めは高給に目がくらみ、何も考えずにバンバン売ってきた商品。しかしふと考えてみると、私は大学受験を目指す一人の生徒に約15万円～50万円ほどのビデオ教材を売りつけていました。

さすがに「ちょっと高過ぎるのではないか?」と疑問を持つようになってしまったのです。

そうなると遠慮がちなトークになってしまい、相手にもそれが伝わってしまうのでまったく売れません。

「期待の新人」の停滞に先輩たちはまるで気づかず、相変わらずプレッシャーをかけてきます。

そしてこの仕事の一番の難点は、営業に出る前に、電話帳を片手にひたすら電話で「アポ取り」をしなければならないこと。

皆さんもよく家にかかってくるでしょう？　しつこいセールスの電話が。

あの電話を朝出社してからひたすらかけまくるのです。

「アポ」の取れない人は永遠に営業に出られない。

「うちはけっこうです！」ガチャン！

切られても切られてもめげずにかけなければ「アポ取り」は成功しません。

けれど一度テンションが下がってしまうとこの電話は最高に苦痛な作業に他なりません。

営業先が確保できず何日も会社にいるのはとても恥ずかしいことでした。

急ブレーキ状態の私に上司たちはおかまいなしでハッパをかけてきます。

そうやって追い込まれるうちに会社に行くのがイヤになり、ある日突然出社拒否をしました。

すると上司が2人も連れ立って自宅まで迎えにやってきました。

どうしても続けていく自信がない、と説明してもなかなか辞めさせてもらえませんでしたが、ついに会社側が折れて入社半年ほどで退職となりました。

無理矢理辞めたカタチです。

営業職で成功するには扱う**商品に絶対の自信がなければ無理**。

それにたとえ商品が今日売れても、明日もまた売れる保証はどこにもありません。

毎日が戦いのようなものです。

仕事のストレスのあまり、胃が痛い、と言っている人も数多くいます。

高収入の陰には「死ぬほどの苦労」が隠れていました。

高収入のため！　と割り切って、自信のない商品でも平気で売ることができる人なら何ら問題はないのかもしれません。

現にその会社では、やり手の20代後半の男女が役職に就き高収入を得ていました。

彼らはスポーツカーを乗りまわし、ブランド品で身をかため、贅沢の限りをつくしていました。

彼らは高収入のために割り切って仕事ができる人たちだったのでしょう。

私も入社直後はそれがとても羨《うらや》ましくて、自分もそうなりたい、と頑張ってみたのですが自信のない商品を売ることは私には向いていませんでした。

この職業はおしゃべり上手な人よりも、多少口下手でもものごとをあまり深く考えない人の方が悩まずに仕事が長続きするようです。

高収入という魅力はあるけれど、それだけにつらいことも多い仕事です。

トップセールスレディから、出社拒否へ。営業の仕事をしていた半年間で、私は「高収入が欲しい」気持ちだけでは頑張れないということを知りました。

でも、人生で一度は経験してみるといい職業だと思います。

「営業職」の経験というのは、どこの職場に行っても必ず役に立ちますから。

「商品に自信が持てなければ、営業は無理」

どんな人が向いているか	クールな人 あるいはすごく熱い人
仕事の大変さ	毎日が勝負 精神的に厳しい
給　　料	成績次第なので幅があるが、 月給18万円～100万円くらい
仕事のやりがい	実力が即収入につながるので やりがいはかなりある
残業はあるか	かなりある
お休みは取れるか	取れないことはないが、 取りづらい

第2章／職業別 奮闘編～不滅のハローワーク～

07 補整下着の販売員

下着で痩せる？

営業職の面白さを知った私は、教材から下着へと売り物を変更して職場を変えてみました。

そもそも教材を売るのがイヤになっただけで、営業そのものは嫌いではないとわかったからです。

「下着」の販売なんて面白そうじゃありませんか？

それに女性はたいてい下着に興味があるものです。

求人広告にはくわしい内容が書かれていなかったので、てっきりオシャレで可愛い下着の販売かと思っていました。

ところが私が入社したのは「補整下着」専門店でした。

「補整下着」とは、下着の力で体型を整えてしまおう、というものです。

本当にそんなことが可能なのでしょうか。

体型の崩《くず》れは余分な脂肪とたるみが原因です。

それをいくら布で持ち上げたところで、贅肉が言うことを聞いてくれるのでしょうか？

疑問を感じながらもどんなものなのか見てみたい気持ちで、とりあえず通ってみることにしました。

仕事初日、まず自分の体の寸法をくまなく測られました。

「このブラを使うともっと胸が大きくなる」とか、このガードルをはくとヒップがアップするとか言われました。

その上、補整下着を使えば体重まで落ちると言うではありませんか！

体育会系の私にとって、運動や食生活以外の方法で体重や体型を操作するなどとうてい理解できませんでした。

入社早々「インチキだ！」という先入観ができ上がってしまいました。

そこから先は何を見てもウソに思えて、時折やってくる女性客たちがローンを組んでまで高い下着を買っているのを見ると気の毒になりました。

でも本人たちは、その下着でキレイになる！　と信じているのです。

私がとやかく言うことではないのです……。

疑問に思いながら仕事を続けているうちに、この会社恒例のイベントに出席するよう言われました。

「全国の販売店対象、営業成績優秀者の表彰式」です。

場所はたしか宇都宮の駅前の大きなホール会場でした。

最優秀賞は金一封だったか、海外旅行だったか……忘れましたが。

会社側が何とかして社員に商品を売らせるために年に1度開くイベントでした。

私には、「ここにいたらまずいな」という社員の気をそらすために、目の前に美味しいにんじんをぶら下げているだけのように思えました。

でも、まんまとそのムードに騙される人がいるんですよね〜。

そこから帰ってからも、怪しい、怪しいと思っているうちに、10日ほどたったころ、**リーダーの女性の態度が豹変**しました。

突然、今から電話の前に座って、自分の友人に手当たり次第に電話しろ！　と言うじゃありませんか！

そして、この事務所にうまいことを言って誘い出せ、と言うのです。

そんなことできるはずがありません。

効き目なんかない、と思っている私が友人を巻き込むなんて……。

「ついに出た！　この会社の本性がっ！」

恐くなった私はその翌日から行くのをやめました。

教材と同じく、私の営業第2弾も、商品と会社に恵まれず失敗に終わりました。

それからは営業職はもうすっかり懲りてしまいました。

営業をやりたい！　と思っている方はまずは自分が自信を持って売れそうな商品を扱っている会社かどうかの見極めが大事ですね。

「商品に自信が持てなければ、販売も無理」

どんな人が向いているか	おしゃべり好きな人
仕事の大変さ	仕事そのものはハードではないが「売る」のは大変
給　料	完全歩合制 売れないと一銭にもならない
仕事のやりがい	「下着」が体型を変えると言いきる人にはやりがいあり
残業はあるか	かなりある
お休みは取れるか	取れるが、お客さま次第

第2章／職業別 奮闘編～不滅のハローワーク～

08 お水《みず》

楽して時給もよし

ひと昔前は……などと言うと何だかババくさくなってしまいますが、ほんの10年ほど前は「水商売」と言うとちょっと近寄りがたいような怪しい世界、というイメージがありました。

ところがここ何年かの間に「水商売」は「お水《みず》」と呼ばれるようになり、以前よりもずっと身近な職業になりました。

同じ時期「キャバクラ」が登場しました。

これがますます一般の女の子の「お水」世界への進出に拍車をかけたようです。

「キャバレー」「ナイトクラブ」といった酒場が主流のころは、ホステスさんはほとんど専業でお仕事をしていました。

現在の「キャバクラ」はと言うと、昼間は学生やOLをしているという「単なるアルバイト」的な人がたくさんいます。

しかしいくら身近になったとはいえ、いざ「お水」の世界へ足を踏み入れるとなるとやっぱり勇気がいります。

「二度と昼間の世界には戻れなくなるんじゃないか?」、といった不安がよぎります。

でも求人広告の「時給」の良さはケタはずれ!

普通のアルバイトの時給の相場が「800円」とすると、キャバクラは「2000円～5000円ぐらい」と雲泥《うんでい》の差です。

この時点でもまだ「お金」重視だった私は、いかにラクしてお金を稼《かせ》ぐかばかりを考えていました。

しかもキレイな服を着て、座ったままお客様の話し相手をするだけでいいのです。

キャディのように雨風の中をボロボロになって走らなくても「高収入」が得られるなんて、最高じゃありませんか?

「フロアレディ」……私も一度はやってみたいと思っていました。

リストラはされたし、希望を抱いて始めた営業職にも挫折したし、今さら職業なんてものに真剣に迷う必要なんかない。

私は32歳にして思い切ってついに「お水」の門をたたいてみました。

年齢は6歳サバを読み、ずうずうしくも26歳と偽《いつわ》ってのデビューです。

店選びはどこがいいのかよくわからず、時給2500円でギャル系の子がウジャウジャいるキャバクラに入ってみました。

たまたま同じ日に入店した女の子がいましたが、彼女は正真正銘《しょうしんしょうめい》の18歳。

「まずいとこに来ちゃったな～」というのが初日の感想です。

ふだん、お酒を飲まない私は、そういう場所を見慣れていませんでした。

薄暗いライトの店内は「裏社会」といった暗さをイメージさせます。

ところが、2日、3日と通ううちに「裏社会」にも慣れ、だんだん楽しくなってきました。

ひとまわりも年下の女の子たちとの会話が**意外に新鮮**で、聞いていて面白いのです。

そして、私は、2ヶ月もしないうちに超売れっ子になってしまいました！

若くて可愛い女の子たちを尻目に私（本当は32歳！）への指名がジャンジャン入るのですから、

信じられません。

若い女の子にはなくて私にあるものとはいったい何だったのか？

たぶん「じっくり話を聞いて、じっくり受け応《こた》えをしてあげること」だったのではないかと思います。

お酒を飲みにくる人がすべてパーッと騒ぎたいかというとそうではなくて、実はゆっくり飲みたい人も多いのです。

20代の子よりは多少人生経験も豊富な私は、たいていの話にはついていけます。

「こういう地味な子がいいんだよ！」と喜ばれ、「そういうものなのか～」と思いました。

売れっ子になってくるといろんなプレゼントもいただき、毎日が華やかで「女性」に生まれたことを謳歌《おうか》できる、楽しい毎日でした。


「こんなオイシイ仕事があったのか！」と私はもうご機嫌でした。

しかし、その状態をお店の他の女の子たちが黙って見ていてくれるほど、「お水」の世界は甘くありません。私自身、いつの間にか調子に乗り過ぎていたのかもしれません。

とうとうお店の指名トップグループの女の子たちの嫌がらせが始まりました。

お客の前だろうと何だろうと口をきいてくれないのです。

それまでは仲良くしてきたのに、急にみんなに冷たくされ、さすがの私もすっかりめげてしまいました。

この仕事は、接客は一人ではなく数人で行ないます。

だから一緒に組んだ女の子が口をきいてくれないと仕事になりません。

完全に孤立させられた私は、仕方なくお店を移ることにしました。

事情を話し「辞めたい」とママに言うと「他の女の子をみんな辞めさせてもあなたを残す」とまで言ってくれ、真剣に引き止めてくれました。

ですがそんなことができるはずないので、すぐに次の店を探して移りました。

それから3、4軒お店を変わりましたが、どの店もそれぞれ特徴があって楽しく、「お水」もまんざら悪いものじゃないなと思いました。

ただ！　この世界に入った当初から引っかかっていたことが、どうしても頭を離れません。

「もうここから抜け出せなくなるんじゃないか……？」

それは他の子たちも同じようでした。

「早く昼間の仕事見つけないとね」というのが毎日のように話題になっていました。

仕事はラク、時給も良い、朝早く起きなくていい、でも……、このままずっと続けるのはこわい。

実際、完全にこの世界に染まりきってしまった人をずいぶん見ましたが、それはとても悲惨なものでした。

不倫、離婚、浮気、暴力、酒乱、借金がヤケに身近なのです。

やっぱり「裏社会」なんですね。


お酒の世界特有の欲望に足を取られて、とことん堕《お》ちてしまう危険があります。

最終的に堕落するかどうかは本人にかかっているのでしょうが、なまじ稼げるだけに、気が大きくなって誘惑に負けやすい。

少なくとも私が娘を持ったら、キャディと同じくらい絶対にやって欲しくない職業の一つです。

一時的に稼ぐにしても、意志の弱い人にはあまりおススメはしないな～。

「身を滅ぼす誘惑がいっぱい。意志の弱い人は近づくな」

どんな人が向いているか	ラクして儲けたい人 聞き上手なら売れっ子になれる
仕事の大変さ	座ったままでいられるので、夜さえ強ければラク
給　料	時給800円～3000円くらいまで
仕事のやりがい	実力＝収入ではあるが「やりがい」というには疑問あり
残業はあるか	お店次第
お休みは取れるか	かなりルーズな世界なので取りやすい

第2章／職業別 奮闘編 ～不滅のハローワーク～

09 ペットシッター

動物だからって甘くない

「お水」の世界から抜け出した私は、「ここらで何か自分で商売をしてみよう」と考えました。

やるからには自分の好きなことでなければならない。

「お水」の世界をへて、私は「金、金」主義から「やりがい」主義へと気持ちが動き始めてい

ました。

お金さえ儲かれば毎日が楽しいかといえば、そんなことはないと知ったからです。

「あまり気の進まない仕事で、ラクしてお金を手にすること」と「どんなにつらくてもやりがいのある仕事でお金を得ること」とを比べたとき、どちらが本当に楽しい人生か？

答えは絶対に「やりがい」の方です。

この「やりがい」がなければ、仕事は非常につまらないものになってしまいます。

そして自分の好きなこと、得意なことを活かせる仕事が一番いいとしたら？

それなら簡単。私の場合は「犬」。

でも、どうやって商売にしよう？　といろいろ考えながらテレビを見ていたら、アメリカのさまざまな仕事を取り上げる番組をやっていました。

そこで「ペットシッター」なる犬のお散歩代行業があることを知ったのです。

日本ではまだあまり知られていない職業だけど、ペットブームだし需要はきっとある、と確信しました。

「これだ！　よし！　やっちゃおう！」と、さっそく宣伝のため手書きのポスターを印刷し一軒一軒ポストに配って歩きました。

会社名は「ラスカル」。子供のころ、よく見たテレビ番組のあらいぐまのキャラクターの名前から採《と》りました。名刺も作りました。

地元の情報誌にも安く広告を載《の》せてもらい、あとは依頼の電話を待つばかり。

このときのワクワク感は今でも忘れられません。

だって初めて本当に好きなことを仕事として始めたのですから。

開業して1週間、ついに電話が鳴りました。


初仕事はラブラドールレトリバー。飼い主さんが2泊3日の予定で旅行に行くので、1日2回ずつ、計5回のエサやりとお散歩で1000円。

自分で思いついて自分でゲットした仕事なので、本当に嬉しかった。

それからボチボチ仕事が入るようになりました。

このまま順調にいったらいずれスタッフを増やしていこう。

おそろいのTシャツなんかも作ったりして……。

あの悪夢の日がくるとは知らず、一人で夢は膨《ふく》らむばかり。


それはペットシッターを始めて3ヶ月ほどたったころでした。

かなり気性の荒いシベリアンハスキーのお散歩を3日間任されました。

初日の朝、犬に近寄ると「ウ～」とうなっていて、何だかイヤな予感がしました。

それでも何とかお散歩を終え、家に戻りました。

少し遊んであげようと、ボールをつかんだときでした。

私のつかんだボールめがけて犬が飛びついてきたのです。

たぶんボールを取ろうとしたのでしょうが、犬は私の**手のひらにガブッと**噛みつきました。

歯がグサッと刺さったのがわかりました。

血がダラダラと流れて私はガタガタ震《ふる》えてしまいました。

誰か助けを呼びたいけれど早朝で誰も近くを通りかかりません。

あわててタオルで傷口を押さえ、片手で車を運転して病院にかけ込みました。

それからというものすっかり犬が恐くなってしまい、一時は小型犬でさえ触れなくなってしまったのです……。

それではペットシッターは勤まりません。

残念ですが、廃業せざるを得ませんでした。

それにしてもあのハスキー犬に出会わなければ、きっとペットシッターを続けていたに違いありません。

顧客も増えていましたし、大好きな犬の散歩でお金が稼げて最高の仕事でした。

甘かったのは私が自分の犬の扱いの未熟さに気づいていなかったことだと思います。

この仕事を開業するなら一度は「犬の訓練士」の学校に行っておくべきでしょう。

トリマーのときはほとんど小型犬か中型犬しか扱わないので、大型犬の性質がよくわかっていなかったのです。

ペットシッターそのものは、飼い主さんに喜んでもらえてやりがいもあって、楽しいものでした。

たかが犬、と思って**ナメてかかった私のミス**です。

もっと大怪我につながった可能性もあるわけですから、手のひらに穴があいたぐらいですんでよかったのかもしれません……。

廃業してからもう7年がたちますが、いまだに当時のお客様から、年に数回、仕事を頼まれます。

何だか悪くて「もう辞めたんです」とも言えず、ずっと引き受けていたのです。

毎回、長期の旅行に出かける家族だったので、料金は2、3万円ほど。私としてもいいおこづかい稼ぎになりました。

つい先日、そこのワンちゃんが老衰で亡くなり、飼い主さんが真っ先に私に知らせてくれ、ともに大泣きしてきました。

「うちの子が本当にお世話になりました」とお礼を言われ、感無量でした。

こうして最後のお客さんがいなくなり、私のペットシッター業に完全なるピリオドが打たれたのです。

「『お金』より『やりがい』が人生をハッピーにする」

どんな人が向いているか	根っからの動物好き 体力に自信ありの人
仕事の大変さ	体を動かすのが好きなら それほどキツくはない
給　　料	相場は散歩1回につき 約2000円程度
仕事のやりがい	リピーターがだんだん増えていく ことがやりがいになる
残業はあるか	急な依頼があれば残業もある
お休みは取れるか	お客様にどこまで つき合うかによる

第2章／職業別 奮闘編～不滅のハローワーク～

⑩移動販売のパン屋

高いパンを売り歩く

求人広告で移動販売のパン屋さんの仕事を見つけ、ちょっと面白そうだと興味がわきました。

「マニュアル車運転できる方には社用車貸与、月給　最低保証13万円」とありました。

マニュアル車の運転はけっこう得意でしたし、もしパンが売れなくても、保証給制度になっているようだからそれほど大変ではないだろう、と思っていました。

食いしん坊の私は「パン」と聞いただけでワクワク。


その会社はプレハブの質素な建物を借りて、4、5人の女性を雇って営業していました。

まずは大きな住宅地図を広げて、私がどの辺を売り歩くか検討されました。
4、5人もいれば手分けして近くの市街は十分回れるらしく、私の担当はかなり狭い地域に限定されてしまいました。
しかもずいぶん山奥……。

とりあえず、決められた日の朝9時に出勤してみると、全員でパンを仕分けしていました。

ドーナツの袋詰めをしたり、それぞれの車に自分たちが希望した数のパンを積み込んだり、とても慌ただしい様子でした。

サンドイッチ、食パン、コロッケパン、焼きそばパン、クリームパン、チョココロネなど、種類は15種類～20種類ぐらいあったでしょうか。

ノルマはないのですが、何個以上売るとプラスいくら、といった歩合制になっていました。

ただし売れ残りが10個以上になると11個目からは買い取らなければなりません。

売り文句は「焼きたてのパン」。

でもどう見ても「焼きたて」なんかではなく、何時間も前に群馬の工場で焼かれて埼玉まで配送されてきているのです。

本物の「焼きたてで美味《おい》しいパン屋」が山ほどあるというのに、焼きたてでも何でもないどこにでもあるようなこんな普通のパンが売れるのか？　と不安になってきました。

山奥に行けばスーパーもコンビニもないので、きっとそこでなら売れるだろうと考え、とりあえず最低数の30個だけ積んでいざ、出発。

車にはスピーカーは付いていません。一軒一軒家の呼び鈴《りん》を鳴らして売りに行きます。

私の担当した地域はつい最近まで別の人が回ってきていたようで、突然庭先に車をつけても家の人たちはそれほど驚きませんでした。

中には、初めからちゃんとお財布を持って出てきてくれる人もいます。

そうして1個、2個と売れていきました。

だんだん品数がなくなり、残りが5、6個になりました。そうなるとわざわざ人の家に押し入ってまで、パンを売るのが気が引けてきました。

それでも何とかパンを買ってもらい、最後に3個ぐらい残して事務所に戻りました。

何とか売れたことは売れましたが、毎日同じ家に行ってもしつこく思われるだろうし、明日からどこを回ろうかと悩みました。

街中ではパン屋が軒《のき》を並べているので、きっと売れないでしょう。

けれど毎日山の中の家に押しかけるのも気が引けます。

しかもこのパンときたら、何の特徴もないのに値段が少し高いのです。

それもそのはず、パンの価格には私たちの給料の他にガソリン代が含まれているからです。

今や、どこのスーパーでも定価でパンを売っているところなどありません。

食パンですら120円ぐらいで売られています。それなのにここの食パンはなんと250円。

あまりにも高すぎます。

次第に売れなくなってくると値引きするしかありません。

けれども、値引いてしまうとその差額は自分で負担しなくてはならないのです。

30個持って出かけても、毎回10個以上売れ残ってしまうようになって私はとうとうギブアップしました。

他のみんなはどうしているのだろう？　と疑問に思いましたが、みんな私と同じような感じでした。

だんだんと売れなくなり2、3ヶ月で挫折、というパターンができ上がっていたようです。

そういえば、このパン屋の求人は年中、広告に載ってたっけ。

それだけ人が辞めるということです。

おわかりとは思いますが、**求人広告に頻繁に登場する会社は要注意**。

特に毎週連続で載っているところは怪しい。

良い会社は人がなかなか辞めませんから、求人もめったにしません。

広告で初めて見かける会社は、比較的狙い目です。

でも、このパン屋ときたら、たしか5週も6週も連続で載っていたと思います。

子供がいて働きに出られないから、子連れでできる仕事を、ということでこのパン屋をやっているという人がいました。

売れない悩みをその人に相談しているうちに「家に遊びに来ないか?」と誘われ、喜んでお邪魔しました。

初めは食事を振る舞ってくれてのんびりしていたのですが、やがて雲行きが怪しくなってきました。

その人はおもむろに**あなたが晩婚なのは前世に原因がある**などと言い始めたのです。

大きなお世話だと思いつつ、「これはまずいところに来た」と思いました。

どうにかして逃げようと考えましたが逃げられずに話を聞いていると案の定《じょう》、宗教の勧誘でした。

私は間もなく隣の部屋に誘導されました。

恐ろしいことにそこには、友人と称する女性が2人待機していたのです。

とにかくこの数珠《じゅず》と経典を買いなさいと詰め寄られました。

私は勇気を振り絞って「きゅ、急用を思い出しましたので」と無理矢理そこから脱出。

翌日、そのことを理由にパン屋を辞めました。

それから1年ほど、ときどきその車と道ですれ違いましたが、そのうち見なくなりました。

どうやらつぶれてしまったようです。

当然といえば当然です。

売れるはずがない!!

私にはパン屋の思い出というより、宗教の強引な勧誘の実態を垣間《かいま》見たのが忘れられません。

でも転職を繰り返していると、この手の勧誘に会うことは、珍しくありません。

職場にはいろんな人がいるので騙《だま》されないようにしましょうね！

「職場での出会いは、ときにアヤしいものもある。気をつけよ」

どんな人が向いているか	物怖じせずに人に接することのできる人
仕事の大変さ	なかなか売れないときは大変
給　料	月給5万円～10万円
仕事のやりがい	あまりなし
残業はあるか	全部売るまでねばる場合は残業あり
お休みは取れるか	自由に取れる

第2章／職業別 奮闘編 ～不滅のハローワーク～

11 独身寮の賄い《まかない》

もぐりこんではみたものの……

30代半《なか》ばになった私はそろそろ真剣に結婚を考え始めていました。

そんなとき、ある友人が「女は結婚したい男性のいる職場に就職するのが一番手っ取り早いんだよ」と教えてくれました。

自分がIT業界の男性と結婚したいなら、IT関連の会社に潜入せよ、ということです。

その友人は有名な文具メーカーに就職し、職場恋愛で結婚した経歴の持ち主だったので、その言葉には説得力がありました。

素直に「そうか！」と思った私は、さっそく大手電気メーカーの独身寮の賄いのアルバイトを見つけてきました。

思えば私も単純です。

ここから旦那様探しの始まりです。


社員の夕食の準備と配膳《はいぜん》の仕事なので、夕方4時ごろからの勤務でした。

「どんな人たちがいるのだろう？」

私はまったく不純な動機で胸をワクワクさせていました。

仕事そのものはいたって簡単。

すでに専門の調理師さんがすべての調理をしてくれているので、それを盛り付けてカウンターに並べるだけで準備は終わり。

ご飯も味噌汁もほとんどがセルフサービスになっているので、やることは何もありません。

みんなが食べ終わってからの洗い物が待っているぐらいです。

夕食付きでしたので、誰も帰ってこないうちにその日のメニューを食べさせてくれました。

おまけに仕事帰りには、残った料理を持ちきれないほど持たせてくれました。

一人暮らしだった私には本当にありがたいことでした。

さてさて、念願の「出会い」は？　と言うと……。

みんなご飯を食べたらさっさと部屋に戻ってしまうので、顔を見る間もなければ話す暇もない！

残念ながらここでの**運命の出会いは一つもありませんでした**。

不純な動機はかなわなかったけど、だからといってこの仕事が無駄だったというわけではありません。

料理の手順や技術が覚えられ、とてもプラスになりました。

食器洗いも、最終的には専用の大きな食器洗浄機がしてくれるのでザッとでいいのです。

美味しいものが年中タダで食べられて、真夏は帰りにシャワーまで使わせてくれました。

時給も悪くありません。

しかも毎日、おカズのおみやげ付きです。

ここのアルバイトで私は男性と出会うどころか5キロも太ってしまい、結婚どころではなくなってしまいました。

でも楽しいアルバイト歴の一つです。

こんなふうに入社の動機なんていい加減なものでもOK！

いつも志は高く持って！　なんて考えていたら、自分の可能性を**かえって狭《せば》めてしまいます**。

どこにどんな可能性が待っているかは誰にもわからないのです。

そのときそのときで、直感でひらめいたまま行動してみること。

異性をゲットするための就職だっていいじゃない。

仕事＝ツライの図式を早く取っ払ってしまいましょう！

「仕事＝ツライの図式を取っ払え。自分の可能性を狭めるな」

どんな人が向いているか	料理好きで後片づけも苦でない人
仕事の大変さ	それほど大変ではない
給　料	時給800円程度
仕事のやりがい	あまり感じられない
残業はあるか	なし
お休みは取れるか	同僚とのやりくりによる

第2章／職業別 奮闘編 ～不滅のハローワーク～

⑫ナイトクラブのカウンター

華やかで楽しい夜の世界

「自分は何がやりたいのかわからない」という人がいます。
それはおっきなことを考え過ぎるから見えてこないだけ。
もっと身近なところで探してみると意外にやりたい仕事が見つかるはずです。

私は「皿洗い」がなぜか大好き。でもファミレスの裏方はイヤ。

ちょっとオシャレな場所で、皿洗いができるところはないだろうか？

「そうだ、カフェバーみたいなところのカウンターは？」

そうやって少しずつ的を絞って求人広告を眺めてみました。

そうするとただボンヤリ眺めているときと違って、ちゃんと良いところが見つかります。

私はカフェバーがあるような都会に住んでるわけではありません。

それでもあきらめずに探していると、「ナイトクラブのカウンター」が募集に出ていました。

さすが水商売、時給は1000円。夜8時～深夜2時まで。

夜型の私はこの時間帯でもまったく問題がない。

だけど水商売は、すでに経験ずみ。夜の世界は危険がいっぱいだと知っています。

さて、どうしたものか。

考えた結果、お水の世界といっても、今度の自分の役回りは、カウンターの中での皿洗い。派手さのまったくない仕事。

これなら、道を踏み外す恐れはない、そう思ってトライしてみることにしました。

さっそくお店のママに会って、すぐに出勤日が決まりました。

そこはナイトクラブといっても静かに飲む雰囲気ではなく、女の子も大勢雇っていました。

どちらかというとキャバクラに近い。

毎晩にぎやかな店でした。

じゃんじゃんお客が入るので、次から次へと使ったグラスや皿が運ばれてきます。

それをひたすら洗い続けるのが私の仕事でした。

カウンターに座るお客様は稀《まれ》で、みんなボックス席に座ります。

ボックス席では女の子たちが相手をしてくれるので、私は面倒な接客をしなくてすみました。

たまには厨房を手伝うこともあり、フルーツのゴージャスな飾り切りの方法なども教えてもらいました。

昼間は店内の清掃を任されていたので、自分の空いた時間に適当に行き、前日に洗い残したグラスなどを洗い、ササッと掃除機をかけて、おしぼりを洗って巻いて開店準備をしておきます。

子供を背負っていてもできますよ。

ナイトクラブのカウンターの他、厨房、女の子の送り、開店前の店内清掃など、仕事に幅があって飽きません。

大好きな洗い物をしながら店内を見物するのは、最高に楽しいひとときでした。

そこにはフィリピンの女の子が5、6人いたのですが、実はそれまで私は彼女たちを勝手な偏見の目で見ていました。

ところが実際接してみると、彼女たちは明るくてサッパリした優しい性格。

私は彼女たちのことがすっかり大好きになってしまいました。

もしここに勤めなければ、フィリピンの女の子と仲良くなることなど一生なかったでしょう。

お店が暇な時間はいろんな話をして過ごし、プライベートでも一緒に出かけたりしました。

そのお店は連日大盛況で、カウンターは大忙し。

あっという間に時間が過ぎていきました。

ダンスする人、歌う人、見ているだけで楽しくて、こんなに良い仕事ならずっと続けていたいな～と思いました。

私自身は歌をうたうのは苦手ですが、人の歌を聞くのは大好き。

女の子たちが新しいヒット曲をジャンジャン歌うのが楽しみでした。

まるで**毎日が合コンのよう**。

深夜2時をまわってお店が終わると、フィリピンの女の子たちを車でそれぞれの自宅に送り届け、私の仕事が終わります。

楽しい時間は過ぎるのも早く、気がつくと2年もそこに勤めていました。

そんな私に転機がおとずれました。

そのころ、真剣に結婚を考える男性ができたのです。

毎晩、帰宅が3時近くて布団に入るのが4時。起きるのが昼間の12時という生活。

結婚するとなるとこの時間帯で行動するのは無理があります。

仕方なく私は夜の仕事を辞めることにしました。

こういうわけで、お水の世界とはきっぱりお別れすることにしました。


長く仕事をしているうちに「お水」の世界は華やかな反面、孤独な女性が多いことに気づきました。

夜ごと、店内のスポットライトの下でワ～ッと騒いで、どさくさにまぎれて現実を忘れてしまおうとする人々。

でも大音量の音楽が止まりシーンとなった店内には、**別人のように寂しげな彼女たち**がいました。

たしかに夜の世界は昼間の世界よりずっと面白い。

けれど騒げば騒ぐほどなぜか、虚《むな》しさが残るのです。

店を閉めて帰るママの後ろ姿はいつも淋《さび》しそう。

店は大繁盛で、今日も大金がママの手元には入っているはずなのに。

私がグラスを洗いながらカウンター越しに見た世界はもしかしたらあれは夢だったのか？　と錯覚してしまいそうになるときがあります。

フロアレディの仕事と、ナイトクラブのカウンター。職種は違うけれどどちらも「お水」の仕事です。昼間とは違う華やかな世界。

いつも夢を見ているようで楽しかったけれど、夢がさめると淋しくなってしまうのでしょう。そのくらい現実味がなく、昼間とのギャップがはげしい。

今もなつかしい職場の一つですが、昼間の世界で楽しく生きている今は、もう戻りたいとは思いません。

「毎日がお祭り気分。でも閉店後の淋しさはひとしお……」

どんな人が向いているか	夜型で話し好きの人
仕事の大変さ	それほどキツくはない
給　　料	時給1000円程度
仕事のやりがい	充実した時間は得られる でも、むなしい
残業はあるか	店次第
お休みは取れるか	取れる

第2章／職業別 奮闘編 ～不滅のハローワーク～

⑬大手企業のカフェテリヤ

良い職場とは

私の転職歴の中でもオイシイ仕事ベスト3に入るのが、この大手企業内のカフェテリヤ。コーヒーやサンドイッチなどを売る喫茶部門での仕事です。

お昼どきにドッと社員が押し寄せるので少しパニックになる時間帯がありましたが、それ以外はぽつぽつとしか人が来ないので、の～んびりできます。

早番、中番、遅番と3交代制になっていて、昼食付きでしかも時給は９００円と結構イイ。

一緒に働く仲間も天使のように優しい人たちでした。

「イジメ？　そんなものこの世にあるの？」といった感じです。

居心地のいい職場というのは入ってすぐにわかります。

だんだん慣れてくれば居心地がよくなる、ということもあるにはありますが、本当に自分に合った良い職場は、**入ったその日でピンときます**。

まずは新人に対してどれほど優しいか？　これが大きなポイントです。

新人というのは本来厄介な存在。

全部イチから教えなくてはならないし、使えないし、忙しい時間には邪魔になってしまう存在。

そんな新人に丁寧《ていねい》につき合ってくれる人というのは本当に優しい人です。（下心のある異性は問題外）

優しく出迎えられるとすぐにそこに馴染《なじ》むことができ、あっという間に月日がたちます。毎日が充実しているので、時間がとても早く立つのです。

もしあなたが今どこかに入社したとして、月日がたつのがあまりにも遅く感じられるとしたら、それはあなたに合わない職場かも。

これは私の経験上ほぼ間違いありません。

ツライ職場に入ってしまうと、「あ～、今日で入社何日目だっけ？」と毎日数えるようになります。

まだ1ヶ月もたっていないのに1年分ぐらい疲れたり。

楽しい職場は初めの1ヶ月がまたたく間に過ぎるはずです。

ここのカフェテリヤは午後8時まで営業していましたが、4時ぐらいからパタッと誰も来なくなり、遅番だとここから4時間もたった一人の時間があります。

その間、自分の好きなCDをかけたり、本を読んだり。

飲み物は飲み放題なので、お金を貰いながらドリンクバーでティータイムをしているようなものです。

今日はカフェオレ、今日はココア、冷たいものも飲んじゃおうか、といった具合。

ここでの仕事はとても気に入っていたので、ずっとやっていたかったのですが、実は次の仕事が決まっていました。

プールの監視員の仕事で月給30万円という条件でリーダーを任されることになっていたので、そのときは「気楽さ」より「やりがい」を選んで、やむを得ず辞めました。

今でもあそこに戻りたいな～と思うことがあります。

それくらい良い職場でした。

コレだけ転職してきても、辞めてからまた戻りたいと思えるところってなかなかないものです。

人間関係良し、時給良し、通勤条件良し、仕事内容良し。

これだけそろえばもう十分ですよね。

ですから、私はここで声を大にして言いたい。

「転職なんてしたって仕方ない、どこに行っても同じ」だなんて言う人に。

「それはあなたがそこしか知らないだけ！」と。

「新人に優しい職場は、良い職場だ」

どんな人が向いているか	ウェイトレス業務が好きな人
仕事の大変さ	それほど忙しくはならない キツくはない
給　料	時給800円～900円
仕事のやりがい	あまりない
残業はあるか	なし
お休みは取れるか	他の従業員との ローテーション制

第2章／職業別 奮闘編～不滅のハローワーク～

14 プールの監視員

ジッとしているのもラクじゃない

「プールの監視」といえば高いところからただ眺めているだけのお気楽な仕事に見えるでしょう。

たしかに特別頭を使う必要もなく簡単です。

しかし、人様の命を預かっているので、とてもボーッとしているわけにはいきません。

万が一、事故が起きては大変です。

けれど実際は、市民プールなどの夏期限定のアルバイトの中には泳げない人も雇われています。

水着を着てホイッスルを首から下げ、メガホンを持ってそれらしい格好をしていると、みんな泳ぎがうまそうに見えます。


私が働いていたプールは一年中泳げる室内の温水プールでした。

監視の仕事は15分～20分ごとの交代制。

交代制にしないと集中力がなくなって、小さな危険の徴候を見逃してしまうからです。

この温水プール、冬も暖かくて快適な職場だと思っていたのですが、予測は大ハズレ。

ご存知のようにプールの水には消毒のための塩素が撒かれています。

そのため、プールの中で目を開けていると目が真っ赤になり痛くなるほど。

この塩素は、水中から気化して空中にも充満しています。

おかげで、プールサイドをパトロールしていると**クラクラしてきます**。

ひどい人になると頭痛に悩まされることになります。

このことは意外に知られていません。室内プールでの仕事は要注意です。

それでなくても単調な仕事でボーッとしがちなのに、塩素のせいでなおさらもうろうとしてしまう。

少なくとも20分に一度は外の空気を吸わないと気分が悪くなります。

この監視の仕事を始めてすぐに「水上安全救助員」の資格の取得を勧められ、その気になって資格を取りに行きました。

しかしあまりの過酷さに私はすぐに大後悔！

そこに来ている人はすべて水泳のプロフェッショナルばかり。

素人は私だけ。

計3日間、朝から晩まで泳ぎっぱなしの過酷なスケジュールが待っていました。

何せ私はスイミングスクールにさえも通ったことがありません。

私は自己流の泳ぎ方を駆使《くし》して**死にもの狂いで**遠泳を泳ぎ切りました。

でも結局他の参加者たちから圧倒的に後れを取り、恥ずかしくてたまりませんでした。

ところが、いざ救助の技術部門となると泳ぎの速さは関係なく、なぜか私がダントツで速かったのです。

ここで気をよくした私は、何とか全日程を乗りきって資格を取得できました。

別に資格取得が、この仕事の絶対条件ではないので、何もここまでやらなくても良かったのですが、30代半ばにして必死で頑張った証《あかし》は私の自信になってくれました。

人間やれば何でもできるんです。

ただのプールの見張り番で終わるか、資格を取得して自分を少しでもキャリアアップさせていくか。

一見くだらないと思える仕事にも、あなたをひとまわり大きくさせてくれるチャンスはあるものです。

その職場でしか得られないものを探していかなければ、転職した意味もなくなってしまいます。

「どんな仕事も成長できる。そのチャンスを見逃すな」

どんな人が向いているか	体育会系の人
仕事の大変さ	座って監視しているだけなのになぜかけっこう疲れる
給　　料	月給25万円～30万円
仕事のやりがい	水上安全救助員等の資格取得を目指せばやりがいあり
残業はあるか	なし
お休みは取れるか	ローテーション制で取れる

第2章／職業別 奮闘編 ～不滅のハローワーク～

⓯ 幼児向けバトンインストラクター

くる
くる
ボトッ
こんなこともできないなんて
ひいっ
あなた、向いてないわっ

私の職歴ワースト1

エアロビクスに目覚め、インストラクターの免許を取ったばかりのころでした。

「ダンスに興味のある方急募、エアロビクスのインストラクター免許をお持ちの方優遇」という求人広告が目に止まりました。

車で1時間もかかる勤務地でしたが、面接に行き入社しました。エアロビクスの資格を活かせるのならタイミングもいいし、興味もあったからです。

そこはずいぶんこじんまりとした、2階建てのダンススタジオでした。行ってみると、生徒さんでにぎわっている様子もなく、入り口からどんよりとした空気が流れていました。

最初はいったいどんな仕事をするのかな？　と様子を見ていました。どうやらこのスタジオのインストラクターたちが各地の幼稚園に定期的に出向いて、ダンスやバトンなどを教えるようでした。

気がついたら、成り行きでバトンを買わされ、練習するはめに。

まずは先生について、大きな鏡の前で二人でバトンを使って一曲踊ることになりました。

先生が3回ほどつき合ってくれましたが、ここからは一人で覚えろと言われました。まるで映画で見たミュージカルのオーデションのようです。

「**ゲッ、無理だよ！**」と思ったのですが、一応返事をして1時間ほどそこに取り残されました。たった3回ぐらいで振り付けを覚えられるわけがありません。

困ったな、と思っていると、先生がやってきて「では、来週までの宿題です！」といい、サッサと帰されてしまいました。

当然、次回までにできているはずもなく、翌週に「さあ、踊ってください」と言われても、ほとんど何もできず、オタオタするばかり。

これまでバトンを握《にぎ》ったことさえないのに所詮《しょせん》無理な話です。

するとその先生が突然激怒しました。

「こんなこともできないなんてあなた向いてないわ、あきらめなさい！」

私はあっけに取られました。

今考えてみれば、あの人は初めから私に教える気がなかったのかもしれません。

上司が勝手に私を採用してしまったので、目障《めざわ》りだからとっとと辞めさせたかったに違いありません。

それにしても、エアロビクスのインストラクターの資格はどこに活かせたんだろう？

どこが優遇だったんだろう？

無理矢理辞めさせられてしまったので、何とも後味の悪い出来事でした。


手元には買わされたバトンだけが残りました。

しかもそのバトンときたら生活の中ではまったく役に立ちません。

見ていると腹が立ってくるのですぐに処分してしまいました。

でも買う際には腕のサイズなんか測ったりして、けっこう高かったんですよね。

あ～バカバカしい。

私が辞めたスタジオの求人はそれからしばらく出ていましたが、誰も定着しないままどうやらつぶれてしまったようでした。

つぶれるだけあって、この会社は私の職歴ワースト1に輝く会社です。

手当たり次第に転職しているとこんな会社にぶつかってしまうこともあります。

でも、これしきのことでダメージを受けてはいけません。

あなたが悪いのではありませんから。

「理不尽な目にあうときもある。さっさと忘れよう」

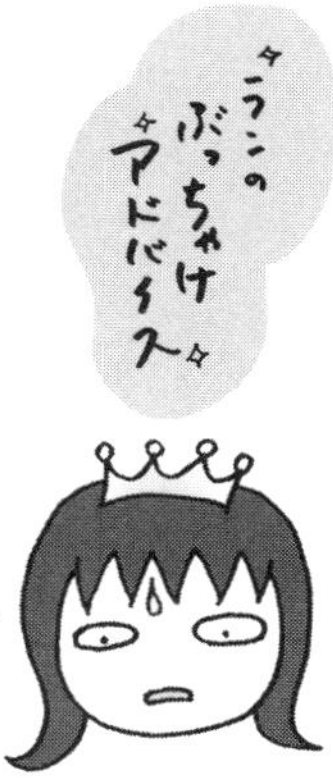

どんな人が向いているか	創作ダンスが得意な人
仕事の大変さ	体調がベストでないとキツイ
給　　料	月給15万円～25万円くらいか
仕事のやりがい	不明（何せすぐ辞めさせられたので）
残業はあるか	なし
お休みは取れるか	非常に取りづらい（代わりがいない）

16 結婚相談所のカウンセラー

一生のパートナー探しのはずが……

私が一度やってみたかった職業のひとつが、この結婚相談所のカウンセラーという仕事。一生のパートナー探しのお手伝いなんて何だか楽しそうじゃありませんか？

最初は「金、金」主義で仕事をしていた私。

転職を重ねるうちに「やりがい」がある仕事をしたいと思うようになりました。

そしてこのころから、「誰かの役に立つ仕事をしたい」と気持ちが変化してきました。

この仕事の求人はめったにありませんが、たまたま募集していたのを見つけ、面接に行ってみることにしました。

初めは相談所のシステムの勉強をしなくてはなりませんでした。

これが意外とややこしくて、入会金、月会費、ゴールド会員、シルバー会員などといくつにも分類されていて、金額が細かく設定してあります。

しっかり覚えておかないと会員さんに聞かれたときに答えられないので、何とか覚えようとするのですがちっとも頭に入りません。

そのうちにだんだん見えてきたのは、その相談所の経営の裏側でした。

わざと、なかなか**相手を紹介してあげない**のです。

簡単に会員さんに退会されては月会費が取れなくなってしまうからです。

気の毒に、何も知らない会員さんたちは毎月会費を払わされています。

ここがかなりの悪徳結婚相談所であったことは明らかでした。

そのことに気づいたものの、私はまだ仕事らしい仕事をさせてもらっていなかったので、とりあえずもう少し様子を見るつもりでした。

ところが、ここの社長が前代未聞のセクハラ男だったのです。

私を入れて４人の女性従業員がいたのですが、毎日、誰かしらの胸は触るわ、お尻は触るわ、抱きつくわの連続。

わざわざ二人きりになるように仕組んで、自分の股間を触らせようとしたりとやりたい放題。ここまでひどいセクハラはいまだかつて見たことがありません。

当然我慢できるはずはなく、仕事うんぬんよりも「**気持ち悪いの一心**」で辞めました。

でもお相手探しのお手伝いはきっと楽しいのではないかな、と、今でも少し心残りな仕事です。


「カウンセラー」というとカッコよく聞こえますが、事務兼、雑用兼、営業兼、と思ったより大変な仕事です。

最近、50代後半の友人が自ら開業しましたが、顧客獲得にさんざん苦労したあげく食べて行けず、結局アルバイトをするハメになりました。

個人で開業するのは難しい業界のようです。

一生のパートナー探しのお手伝いをする仕事なので責任も重大です。


きっと私が勤めたような悪徳結婚相談所とは違い、親身になって「一生のお相手探し」のお手伝いをしているところもあるはず。

真剣に誰かのお相手を探す仕事なら、やりがいもあり、楽しく仕事ができていたでしょう。

誰かの喜ぶ顔を見て、「人の役に立つ仕事ができた」と満足していたかもしれません。

あのセクハラ社長が恨めしい～。

「思わぬ落とし穴に遭遇することもある…（涙）さっさと辞めるべし」

どんな人が向いているか	世話好きな人
仕事の大変さ	いろんな会員の人と接するので飽きない
給　料	時給制800円～900円 月給制12万円～25万円くらい
仕事のやりがい	会員がめでたく成婚に至ればやりがいが感じられる
残業はあるか	会員の都合によってはあり
お休みは取れるか	比較的取りやすい

第2章／職業別 奮闘編～不滅のハローワーク～

⑰歯医者の受付

仕事は簡単。
衛生的でイメージも
時給も、いい。
だけど、私にゃ
息が詰まる。
ストレスが
たまる
うううう
ピッ
ピッ
ピッ
ピッ

数字アレルギー

「歯医者」の受付は求人広告にもときどき登場します。

時給は普通ですが、ほとんど座っていられるので体力的にはかなり楽なはず。

体育会系の私にとっては体を動かさない仕事は論外なので、やってみたいと思ったことはありませんでした。

ところが長年の掛かりつけの歯医者さんで、顔見知りの院長先生から「受付をやってもらえないか？」と頼まれました。

私はそのときちょうど仕事をしていなかったこともあり、断り切れずに承諾しました。

支給されたピンクの白衣はちょっとコスプレ気分。悪い気はしません。

本来、歯医者の受付は「医療事務」の資格を持っていることが望ましいとされます。

しかし保険の点数の計算はそれほど難しくはありません。

むしろ思ったよりずっと簡単でした。

座りっぱなしでずっと計算機と向き合っている仕事。

あとは患者さんの予約の設定、電話番、会計、これが受付の仕事です。

仕事内容は簡単だし、衛生的で、時給も悪くない。

世間的にイメージも良い。

かなり恵まれた職場であることは間違いありません。

でも、私にとっては、仕事を選ぶときの必須条件にしている「体を動かす仕事」という基本形からかなり外れています。

そしてさらに、私は子供のころから「算数」が大嫌い。

いくら計算は簡単でも「数字」を見て一日過ごすなんて拷問と同じです。

案の定《じょう》、1ヶ月ほどして息が詰まってきました。

けれど頼まれて始めた仕事なので、今回は簡単に辞められません。

「辞めたい……でも何と言って辞めようか」そればかり考えていました。

そうして考えている間にも**ストレスがどんどんたまっていく**のがわかりました。

仕事ですからある程度は好きでないことも我慢しなくてはなりません。

でも一日中「数字」とにらめっこするのだけは勘弁です。

やっとの思いで院長に退職を申し出、後任の人を募集してもらうようお願いしました。

すぐに応募があり次の人も無事見つかり、引き継ぎ業務をきちんとすませて円満退社しました。

その後、私の次に入ってくれた人は、とても生き生きと楽しげに働いているようでした。

きっと計算が嫌いではないのでしょう。


私はたまたま異常なまでの数字嫌いだったので勤まりませんでしたが、歯医者の受付そのものはかなり良い仕事だったと思います。

お休みしたとしても、歯科助手の人たちが会計など受付全般はこなしてくれるので、わりと自由に休みをもらうことができます。

子育て中で家事や子供の世話が大変な主婦の方でも体力を温存できる仕事だし、家事に差し障りがないのでおススメです。

毎日とても静かに時が流れる、といった印象の仕事でした。
変化に乏しいので、元気が良いタイプの人には向かないかもしれません。
特に私と同じ数字アレルギーの人はやめておいた方がいいですよ。

「苦手を仕事にするのは、人生の無駄使いだ」

どんな人が向いているか	一日中じっとしていられる計算好きな人
仕事の大変さ	事務は超簡単 しかも12時～3時まで休憩時間
給　　料	時給800円～900円 （休憩が長すぎて稼げないのが難）
仕事のやりがい	ないと思う
残業はあるか	歯医者の予約がズレこまなければちゃんと帰れる
お休みは取れるか	木、日が定休のところが多く、その他も比較的取りやすい

18 スポーツクラブの受付

正社員の呪縛《じゅばく》

私は「体を動かす仕事」が好きなので、どんな場合においてもこれを基本に職探しをしています。

20代後半から始めたエアロビクスが大好きで趣味がエスカレートしてインストラクターの資格

まで取得しましたが、何となく仕事にする気になれずにいました。

けれど、あのスタジオの雰囲気が好きなので、スポーツクラブの受付の求人を見つけたときにはすぐに飛びつきました。

「もしかしたら施設をタダで使わせてくれるかもしれない」と勝手に想像し、７５０円という安～い時給にもめげず入社したのです。

ところで、これまで数多くの転職をへてきた私が出した「アルバイトの定説」がひとつあります。

それは「世間体の良い小奇麗なアルバイトは時給が安く、内容はけっこうハードで割に合わないことが多い」、反対に「世間体があまり良くないアルバイトは意外に楽で時給も良く、特典もたくさんある」ということ。

スポーツクラブの受付といえばイメージは良いでしょうが、受付業務とは結局のところ雑用係。会員の入会と退会の手続きが主な仕事で、あとはロッカーキーの受け渡し。

期待していた「施設利用の優遇」もなく、入ってすぐここはいつまでもいるようなところではないな、と感じました。

21歳と22歳の女の子が社員として働いていたので、試しに「将来の夢は何？」と聞いてみました。

一人の子は「お嫁さん」、もう一人は「英語関係の仕事をしてみたい」とのこと。

「お嫁さん」と答えた方はともかくとして、「英語関係の仕事」をしたいならなぜこんなところにいるのでしょうか？

しかも彼女は何年もイギリスに留学していたというのです！

「だったらなぜこんなところで働いているの？」と聞くと、「正社員の仕事ってなかなかないじゃありませんか？」と彼女は答えました。

「正社員の呪縛」にかかった人がここにもいました。

「正社員」という安定にこだわりすぎて、一番やりたいことは後回し。

後回しどころか、このままだと正社員にしがみついてずっとそこにいることでしょう。

おかしいじゃありませんか？

夢をあきらめてまで正社員でいるメリットってそんなにあるのでしょうか？

まあ、**せいぜい社会保険とボーナス**ですよね。

でも、民間のスポーツクラブのボーナスなんてスズメの涙ですよ。

そこにいて英語の何かが学べるわけでもなし。

人は本当にやりたいことを我慢していると、知らず知らずのうちにストレスがたまっていきます。

もしスポーツクラブに勤めるなら、社員はそこのプールは自由に使えるとか、何か特典がなければ勤める甲斐がありません。

ジャージを着て「スポーツ」の現場にいながらただのOLをしているのと同じです。

「なぜここは施設を社員に提供しないのか?」と聞いたら「そうすると会員さんがみんなここの社員になりたがるじゃありませんか?」というおかしな答えが返ってきました。

同じようなスポーツクラブで、社員やアルバイトに施設を無料で使用させるところもあるのですから、何も条件が悪いところで我慢する必要はありません。

もちろん、これだけずうずうしい希望をするからには、きちんと仕事もこなさなければなりませんけどね。

仕事はしないけど、特典は欲しいというのでは困ります。

自分はそれだけ手抜きをしない仕事をする自信がある!　と思うなら、せこい会社とは早く縁を切ってしまいましょう。

「正社員の呪縛を解《と》き放て」

ランのぶっちゃけアドバイス
だまされないぞ!

どんな人が向いているか	協調性のあるタイプ
仕事の大変さ	会員の入会、退会手続きに明け暮れる毎日　ラクだが退屈
給　　料	時給750円～800円
仕事のやりがい	あまり感じられない
残業はあるか	ない
お休みは取れるか	職場による

第2章／職業別 奮闘編～不滅のハローワーク～

⑲工場の流れ作業の作業員

流れ作業は忍耐勝負

最近の求人広告に多く登場するのがこの「工場内での流れ作業」。

派遣会社に登録して、自分の希望に合った勤務時間や勤務地に応じてあちこちの工場に派遣されるパターンです。

私はこの流れ作業になぜか興味があり、一見大変そうだけど、もしかしたらすごく面白い世界なのかも、と勝手に想像していました。

ここはやっぱり一度やってみないことにはおさまりません。

時給1000円の「麺製造工場」の流れ作業の現場に行ってみることにしました。

待っていたのは白衣に帽子にマスク、入念な消毒、全身のゴミや塵《ちり》の除去。ここまでの工程だけですでにグッタリ。

さあ、いよいよ待望の「流れ作業」にいざ出陣！

工場内は大勢の人が黙々《もくもく》と働いていました。見ているととても簡単そうでした。

さっそく私もラインの中に加わりました。

「ぎょえ～っ！　は、早い！　流れ作業ってこんなスピードなの？」

人間の能力の限界に挑戦するようなスピード設定です。

なかには目をまわして倒れる人もいるらしい。

納得です。

しかも一人がミスすると次の人に迷惑がかかるシステムになっているので、ひどいプレッシャーであっという間に肩がガチガチに凝《こ》ってしまいました。

正直言って、これまで体験してきた仕事の中でこれが一番きつかったのではないでしょうか。

人と話す必要もないし、ただ手さえ動かしていればいい気楽な仕事だと思っていましたが大間違い。

考えごとなどできるような状態ではまったくない。

必死で目を凝らしていなければなりません。

3時間作業したら15分の休憩があるのですが、時間がたつのが遅いのにびっくり！

もうそろそろ1時間はたつだろう、と思って時計を見るとまだ20分くらいしかたっていないという具合です。

15分間の休憩時間はぐったりしてもう死んだような状態です。

入社して2日目からもう辞めることを考えていました。

この過酷さは慣れたらラクになるというレベルではありません。

製麺工場だったので、麺を作る大きな機械をアルコールで拭いて清掃する作業から始まるのですが、アルコールの原液をぞうきんに染み込ませ素手で約1時間作業します。

私がお酒に弱いせいなのか、5分もすると眼や頭が痛くなり、**気持ち悪くて吐きそう**。

おまけに原液のアルコールは手の傷などにひどく染みるし、荒れてボロボロになります。

時給としては1000円は高い。だけど、この仕事ははっきり言って2000円でもいいのではと思いました。

私としては「割に合わない仕事だ」という結論に達したので、5日間で辞めました。

この流れ作業ははっきりと向き不向きが分かれるようです。

若い大学生の女の子が1年以上もアルバイトを続けていて、よほど辛抱強い性格なのか？　と思って見ていても、今どきののほほんとした遊び好きな普通の学生。

その子が淡々と作業しているのを見ると、こういう仕事が向いてる人っているんだな～と思い、尊敬の念がわいてきました。

接客業が好きな私のようなタイプには一番無理のようです。

続く人は何年も続くし、合わない人は3日とやれない、といった極端に差が出る仕事です。

もう気がすんだので、二度と流れ作業はやりたくありません！

「自分の限界を試したい人とマゾの人におススメ」

どんな人が向いているか	我慢強い人　単純作業を黙々と長時間続けられる人
仕事の大変さ	すごく大変！ 慣れるまでは足腰、肩も超痛い
給　　料	時給800円～1000円程度
仕事のやりがい	あまりに重労働なので終わったあとは妙に達成感がある
残業はあるか	たまにある　あっても1時間
お休みは取れるか	早めに申告すれば取れる

第2章／職業別 奮闘編 ～不滅のハローワーク～

20 保育士

先生ぶりっこできますか？

女の子に人気のある職業のひとつに保育士があります。

保育系の短大を出れば簡単になれますし、いくつになってもできる職業です。

私は子供が大好きだったので、「やってみたいな～」と昔から思っていましたが、高卒だったのであきらめていました。

ところが、保育士をやっている友人から「手伝ってほしい」と頼まれ、思いがけず、ある日突然念願だった「保育士さん」になれました。

資格がないので、ちゃんとした保育士さんに必ず付き添ってもらって、あくまでも補助としての仕事ですが、児童や親たちから見たら私もれっきとした先生です。

まさか私が資格を持たないただのおまけ要員とは知りません。

子どもたちや親たちから「先生、先生」と呼ばれ、何だか急にエラくなったようで、すっかりいい気分です。

「先生」って呼ばれるのってこんなに気持ちいいのか〜、と思いました。

それに、いくら子供好きとはいえ、いろんな子供がいるからきっと可愛くない子もいるんだろうな、と覚悟してのぞんだのですが、これがびっくり！　可愛くない子なんて一人もいません。

毎日接しているうちに情が移るのかもしれないし、だんだんなついてくるから可愛く感じるのかもしれません。

みんな可愛くなってしまうから不思議です。

もう子供に接するのはうんざりです！　という理由で辞める人はまずいません。

教室に入ってしまえば、親も見ていないし、先生の独壇場《どくだんじょう》。

小さな子供たちは先生の言いなりです。

上司に見張られることもなく、自由に仕事ができ、「先生」と呼ばれてかなり気分がいい。

中途退社する人が少ない職業であるわけがわかる気がします。

それが良いのか悪いのか、定年まで「先生」を続けるケースが多いらしい。

はっきり言って「オバちゃん先生」ばかりです。

「保育士」と言えばやっぱり若い先生がいいかな〜、と思うのは私の偏見でしょうか？

運動会で子供と一緒に走るジャージ姿があまりオバちゃんだと、盛り上がらない気が……。


人のことはさておき、私自身、念願の保育士になれたわけですが、いざなってみた感想はと言うと……「私には向いてない」ということでした。

何が苦手かって、**お遊戯がダメ**。

お決まりの音楽と振り付けを大きな身振り手振りで子供にやらせるのですが、これがどうも好きになれない……。

子供たちは喜んでやっているのですが、こっちが恥ずかしくてたまりません。

私は幼稚園児のころからお遊戯が大嫌いだったので、そのトラウマがあるのかもしれません。

「は〜い、では、み〜な〜さ〜ん」などと先生ぶって振る舞うことができない。

どこか冷静に冷めた自分が捨てられない。

まるでディズニーランドさながらのパフォーマンスが、私には合わない気がして恥ずかしいのです。

お遊戯のときはいつも逃げ出したくなりました。

けれど子供の素直で純粋な可愛さに魅了され、あっという間に時が過ぎていきました。

1年で任期を満了し退職しましたが、子供や職員たちのことを知るいい機会となりました。

その一つが、この仕事を本当に好きでやっている人ばかりではない、ということ。

他にやりたい仕事もないし、子供も嫌いじゃないからやってみるか、程度で保育士になってしまった人もかなりいるということです。

すぐにヒステリーを起こし、「コラ～！　い～け～ま～せ～ん！」と年中子供を叱ってばかりいる先生に、そういう先生が多かったようです。

一方、保育士としての私は「子供に甘い」とときどき注意されました。

園長先生に「○○ちゃんが寄ってきてもあえて突き放してください、甘えは本人のためになりませんから」と指導されても、どうしてもそうすることができません。

まだ2歳ちょっとの子供が、朝早くから母親と無理矢理引き離されて頑張っているのに、どうしてそんな冷たい態度ができるでしょうか？

子供にしても犬にしても、どうも私は猫っかわいがりしてしまいます。

だからそれらを仕事にするのは向いていなかった。

ただ可愛い可愛いとベタベタするのではなく、ときには冷静な態度を取れる人でないと「しつけ」面で「いい先生」にはなれないのかもしれません。

そしてもう一つ気づいたことがあります。

保育園は男性の少ない職場です。男性のまったくいない職場もあります。

だからそこで働いているとだんだん「オンナ」を捨ててしまう傾向にあること。

メイクもしない、**常にジャージに近い格好**なので女らしさがなくなってくる、髪は子供に引っ張られたりするので短くするか、縛るしかない……と外見のお洒落がおろそかになりがちです。

現に私もここに通っている間はピアスもせず、化粧はファンデーションのみ。

洋服は毎日同じエプロンにジャージ姿。

爪をのばしてマニキュアなどはもってのほか。

いつも髪は縛って行っていましたが、たまにおろして巻き髪にムースなどつけていくと、「やぁ～だ～、先生、ベルサイユのバラのオスカルかと思っちゃいましたわ～」と他の先生にイヤミを言われる始末。

あと1年もいたら間違いなくお洒落の仕方さえ忘れてしまったでしょう。

やっぱり男性の目が多少はないと女性は緊張感がなくなるもの。

たしかに「先生」にお色気があったのでは困りますけどね。

髪型や服装にばかり気を取られて、肝心な子供を見てくれないような先生では困りものですが、かといって「オンナ」を捨てるのも考えもの。

「いい先生」でもあり「いい女」でもあり続ける？
この辺のバランスは難しいところです。

「オンナを捨てる人、多し。要注意」

どんな人が向いているか	のんびりしていて、絵を描くのと歌やお遊戯が得意な人
仕事の大変さ	子供の世話は大変ではないが、親の相手が難しい
給　料	月給15万円～35万円
仕事のやりがい	子供の驚くような成長が何よりのやりがいになる
残業はあるか	親が迎えに来ない場合はあり
お休みは取れるか	けっこう自由に取れる

第2章／職業別 奮闘編～不滅のハローワーク～

21 引っ越し屋の梱包《こんぽう》スタッフ

人さまの生活が丸見え

よく引っ越し屋さんの広告で「お任せパック」というのを耳にするかと思います。荷物の梱包から始まって、全部を引っ越し業者に任せてしまうラクラクプランのことです。

私は女性なので、重い家具や電化製品などは運ばず、このお任せコースの「梱包」を担当しました。

身の周りのものすべてを梱包していくわけですが、その人の持ち物全部を見てしまうことになるので、どんな生活をしているかが丸見えです。

面白いといえば面白いけど、お任せパックを頼むような人はたいがい、自分で片づけるのが苦手な人。だからとにかく汚い！

マスクと手袋は必需品です。

果敢《かかん》にホコリの山に突入しなくてはなりません。

あまり細かいことは気にせず、ボンボンとダンボールに詰めていきます。

慣れればそれほどキツイ仕事ではありません。

時給は１０００円とけっこういい金額です。

仕事は重労働ではありませんが、家の中が汚くても平気な人の部屋は、予想をはるかに超えて汚い。本気でびっくりします。

ゴキブリホイホイ（ゴキブリ付き）は当たり前、ひどいときは**ネズミホイホイ（ネズミ付き）も登場**です。

押入れの中は虫の死骸《しがい》やゴキブリの糞《ふん》だらけ。

その中をかきわけかきわけ片づけているとだんだん腹が立ってきます。

「よくもここまで汚くできたものだ！」

引っ越し屋さんに入って感じたのは、世の中の主婦にキレイ好きな人はあまりいないなぁ、ということでした。

引っ越し業を25年やっている社長もこう言っていました。

「キレイな家なんてほとんどない」

これには本当に驚きました。

外から見える部分はキレイに片づいているようですが、内《なか》はメチャクチャ！

ある有名大学病院のお医者さまの引っ越しでは、部屋全体が埋まるほどのアダルトビデオとエッチな本の山にびっくり。

梱包するのに丸2日間かかったこともありました。

持ち物すべてを他人にさらすなんて私には恥ずかしくてできません。

別に人に見られて恥ずかしいものを持っているわけではありませんが、プライベートを覗《のぞ》かれるのはちょっと抵抗がありますよね。

この引っ越し業はやればやるほど楽しくなるらしく、社長は実に楽しそうに仕事をしていました。

外から見たら重いものを運ぶただの重労働としか見えないかもしれませんが、依頼人の中には夜逃げの人もあり、ストーカーから逃げる人もあり、人生いろいろだと感心します。

さまざまな人間模様が変化に富んでいて飽きません。

ただ、本当にひどく汚れる仕事なので、アレルギー性鼻炎やハウスダストからくるぜんそくなどを持っている人にはおススメできません。

すべて片づいたあとの達成感は清《すが》々《すが》しく、**キレイ好きな人ほど燃える**仕事のようです。

「人間観察にはうってつけ。社会勉強になるぞ」

どんな人が向いているか	キレイ好きで、スピーディーな行動のできる人
仕事の大変さ	仕事内容は簡単だが、汚い家が多いのでうんざりする
給　料	時給900円～1000円
仕事のやりがい	作業終了後は達成感がある
残業はあるか	予定の時間内でなかなか終わらない　残業は覚悟
お休みは取れるか	取れる

第２章／職業別　奮闘編　～不滅のハローワーク～

22 ポスティング

空いた時間を有効利用

世の中には実にいろんなアルバイトがあるものです。

よく家のポストにチラシが入っていますよね。

自分には興味のないチラシがほとんどで、入っているとゴミになるし本当に迷惑ですよね。

あれは1枚何円というかたちで雇われた人が入れています。

でも、まさか自分がそのアルバイトをやるなんて、思ってもみませんでした。

そのときは時間に余裕がない時期だったので、時間に縛られないアルバイトを探していました。

そこで見つけたのが「ポスティング」の仕事。

求人広告には「あなたの自由な時間を使って働きませんか？」とありました。

面接に行って内容を聞いてみると、引っ越し屋さんの宣伝広告で1枚1・5円。団地などに配って欲しいとのこと。

そこには私の他にもう一人40代の主婦が面接に来ていました。

1枚1・5円と聞いても自分が一体どのくらいのペースで配れるのか想像がつきません。

果たして1ヶ月にいくらぐらい稼げるのだろうか？　不安はありましたが、持ち前の「とりあえずやってみよう」精神でやってみることにしました。

「まずはこれだけ配ってみてください」と渡されたのが1000枚の束《たば》。

1枚はせいぜい20センチ四方の紙でしたが、初めて手にしたその束はすごく重くて、「**ヤバイ**」という感じ。

仕方なく私は近所の団地を配って歩きました。

しかし、1時間たっても半分も配れません。

500枚配っても750円にしかなりません。

2時間たつころには「これは続けられそうにない」とほとんどやる気が失《う》せていました。

けれど週に1度ミーティングがあり、辞めるにしてもそこには顔を出さなければなりません。

やはり1000枚を配ることができず、ミーティングでその状態を報告すると、「慣れないうちはみんなそうだから」と言われました。

一緒に入った女性も「500枚しか配れませんでした」と言っていたので、少し安心しました。

そこで今度は1000枚の束を10個受け取りました。

これを全部配れば、15000円。

社長がつきっきりで見張っているわけではないので、チラシを捨ててしまえば簡単なことかもしれません。でも根がマジメな私はそういうズルイことができません。

さ〜て、やるしかない。

ところが1枚、2枚、と配るうちに500枚を突破したあたりからだんだんペースが上がってくるではありませんか！

あれあれ、今日は何とか1000枚配れたな。

そして翌日、今度は必死で1500枚。

結局、次回のミーティングまでに10000枚を配り終えることができました。

配った地域と枚数は毎回社長に報告するように義務づけられていました。

そこで気になるのがやっとのことで配ったチラシの反応です。

社長に聞いてみると「まだ何の問い合わせもない」とのこと。

「いやだな～。それじゃあ、まるでチラシを配ってないみたいじゃない」少し落ち込みました。

けれど、社長曰く「何度もしつこく配ることで依頼の電話がくる」のだそう。

私はポストのチラシは大嫌いでろくに見ずに捨てていたので、あまり信じられません。

チラシを捨てていると思われるとイヤなので、こうなったらとにかく依頼の電話がくるまで配ってみようと決めました。

初めは足が疲れてパンパンになりましたが、慣れてくると疲れもそれほどでなくなり、軽快なリズムで配れるようになりました。

きちんと稼げるアルバイトではありませんが、お金を貰ってスポーツクラブに行っている、という感覚で運動不足解消も兼ねていました。

3回目のミーティングからはあの主婦の姿が消えていました。

無理もありません。よほど体を動かすのが好きか、お金に困っているか、わずかな空いた時間を有効に使うだけの目的をしっかり持っているか、このどれかでないと、軽い気持ちで始めたのでは挫折するのは仕方ありません。それほど大変できつい仕事です。

ずっと一人の孤独な作業ですからね。

それに時折、マンションの管理人さんにはイヤ～な顔をされ、「うちには入れないでくれ！」と追い払われます。

一見、みじめで孤独な虚しいアルバイトです。

けれど、自由な時間に配れるのが何よりの利点。

時間を拘束されないので、途中でいくら休もうが自由気ままなものです。

夜に急に時間が2時間空いたので今から配ろう、とか今日は雨だからやめようとか、自由にできます。

こんな仕事は他にはありません。


いつしか配る手つきも早くなり、1時間に1000枚をこなせるようになっていました。

どうやら私は根っから、体を動かすのが好きみたい。

小走りで配るので十分なシェイプアップになり、**体重も3キロ減少**して体が軽くなりました。

こうしてあっという間に1年がたっていました。

1年たつと1枚2円にアップしてもらえます。

時給に換算すると1時間で約2000円になりました。

ポスティングなんてつまらない仕事だと思っていたはずが、いつの間にかけっこう楽しいアルバイトに変わっていました。

1枚1枚、パッ、パッとポストに差し込んでいくという動作が、ストレス解消になります。

何かイヤなことがあったときなど、走るスピードをアップさせ無心で配っていると、終わるころにはすっかりリフレッシュ。
どんな仕事でも続けることで発見があるものなんですね。
スポーツクラブ感覚で一度やってみるのも悪くはないですよ。

「ポジティブシンキングがあれば、どんな仕事も楽しく変わる（こともある）」

どんな人が向いているか	自分に厳しい人
仕事の大変さ	体を動かすのが好きならそれほど大変ではない
給　料	1枚配るごとに1.5円～2円
仕事のやりがい	自分の配ったチラシの効果があらわれると楽しい
残業はあるか	ない（自分のペースで好きな時間に配れるので）
お休みは取れるか	最も休みが自由になる職業

第2章／職業別　奮闘編　～不滅のハローワーク～

㉓パチンコ屋の軽食コーナー

のんきな職場

私の数多くの転職歴の中でも、待遇面、人間関係、仕事面をトータルしてみて一番良かったのが、この「パチンコ屋さんの軽食コーナー」。

時給は800円でしたが、食事付きという特典があり、昼食は店のメニューのどれでも好きに食べていいことになっていました。

これは大きなポイントです。

たとえば月に20日間働くとして、毎日昼食代に５００円かかるとしたらそれが浮くわけですから、その時点ですでに１００００円はお得な計算になります。

パチンコ屋や水商売など、バブリーな職場は従業員にアバウトなところがあるので、待遇面が堅苦しくなくて気前がいいみたい。

お客様が運んでくる金額が大きいので、従業員をそんなに締《し》めなくても余裕があるのでしょう。

「パチンコ屋」のようなギャンブル場は働く場所としてはイメージが悪いですが、中身はそんなに悪くはありません。

働いている人たちも楽しい人が多い。

そうは言っても、私が知っているのはお客さんが食事する食堂の部門だけですけどね。

普通の食堂と違い、お昼だからといって一気に人が押し寄せたりはしないので、それほどてんてこまいにはなりません。

みんなゲームのキリがいいところでボチボチやってくるのです。

これがパチンコ屋の最もいいところ。

一日中、人が分散して入ってくるので、急に忙しくならないおかげですごくラクなのです。

作るメニューもごく簡単で、ラーメン、うどん、そばは、すべて冷凍もの。

中華丼、牛丼などのどんぶりものはレトルト食品なので、あったためてご飯にかけるだけ。

会計は全メニューが一律500円なので計算も簡単、数字嫌いの私でも苦になりません。

しかも、パチンコ屋で食事する人というのはあまりいないらしく、けっこう暇な日が多い。

こんなに暇で時給を貰っていいのだろうか？　と思ってしまうほどです。

何もしないで賃金を貰っては申し訳ないと思い、厨房内の清掃などをして時間を過ごしました。

自主的に始めた清掃なので、かえって手抜きをせずに一生懸命やりたくなります。

かつて大手弁当チェーンでアルバイトしたことがありますが、従業員には一切何も食べさせてはくれませんでした。しかも清掃作業がおそろしく厳しい。

むしろそれが当たり前でしょう。

私は1週間ともちませんでした。

全国でチェーン展開されたフランチャイズの会社はマニュアルがやけに多く、アレもダメ、コレもダメ、すべて管理された上に待遇面は相当セコイ。

1分1秒たりとも従業員を遊ばせない仕組みを作ってあるのです。

そうでもしないと莫大な数のアルバイトを管理しきれないのでしょうね。

その会社でしか働いたことがない、という人はそれでも我慢できるでしょうが、私のようにラクで楽しくて待遇も良い会社を一度でもみてしまうと、そんな口うるさいところはまっぴらごめんです。

人の心理として強制的に「やれ！」と言われると苦痛になり、ゆるく管理してくれていると申し訳なくなったり、やりたいことを思いついたり、自ら動きたくなるみたい。

でもこれは、万人には当てはまりません。

私は若いころから何ヶ所も**「従業員を決して遊ばせない」**職場を経験してきているので、自然と動く癖がついていますが、そういう場所を知らずにいきなりゆるい職場に入ってしまった人はそのゆるさに甘えて本当に仕事をしません。

こういう人がいるからマニュアルが必要になってしまいます。

例えば、何時何分になったら床の掃除に取りかかりましょう、など細かい決まりごとの中で「労働」しなければならなくなります。

上司の目がないのをいいことにマンガを読んだり、お客さまの目の前で平気でケイタイのメールを打っていたり、とやりたい放題の人がいるからです。

それも20代そこそこの若者ならまだしも、30代半ばにもなる人がです。

そして何を言うかと思えば、「あ～、一日が長いわ～、暇疲れしちゃうよ～」ですって⁉

暇疲れ？　そんな言葉聞いたことないですよ！

まったく贅沢な話です。

でも、こんなのんきな職場って本当にあるんです。「仕事は厳しいもの」という昔の人の定説が通用しない職場が。

同じ働くならどちらが良いかは一目瞭然。

だから仕事選びって重要なんです。

自由に楽しくのんびりと働ける、そんなラッキーな職場をゲットするには、世間の目なんかにとらわれず自由な感覚で探してみるのがポイントです。

世間一般の人が「いいな～」というようなところには大してオイシイ職場はありません。

あの安定第一の公務員も然《しか》りみたい。

国民の税金でお給料を賄《まかな》っているのですから、安定や優遇制度は数々あるけれど、それだけに縛りが多くあって、中身はけっこう窮屈《きゅうくつ》な職場のようです。

私の友人には公務員が大勢いますが、ストレスでアルコール中毒になったり浮気に走ったりと笑ってばかりもいられない人が多いです。

退職金がガッチリ貰えるので、どうしてもそれを重要視してしまい中途退職することができないのでしょうか。

たとえアル中になるぐらい毎日が悲惨でも、定年になるまで我慢の日々、だなんて私には理解できません。

退職金もボーナスもない、しがないパチンコ屋の食堂勤めでも、**いつもニコニコ楽しい毎日**。

どっちが幸せだと感じるかは皆さん次第。

「世間の目を気にすると、いい仕事は見つからない」

どんな人が向いているか	作業が手早い人（急いでるお客さまが多いので）
仕事の大変さ	立ち仕事が平気な人なら仕事内容はラク
給　　料	時給750円～900円
仕事のやりがい	自分の作ったものをお客さんに食べてもらうのは楽しい
残業はあるか	ない
お休みは取れるか	交代できる同僚がいれば取れる

第2章／職業別 奮闘編～不滅のハローワーク～

24 病院の売店

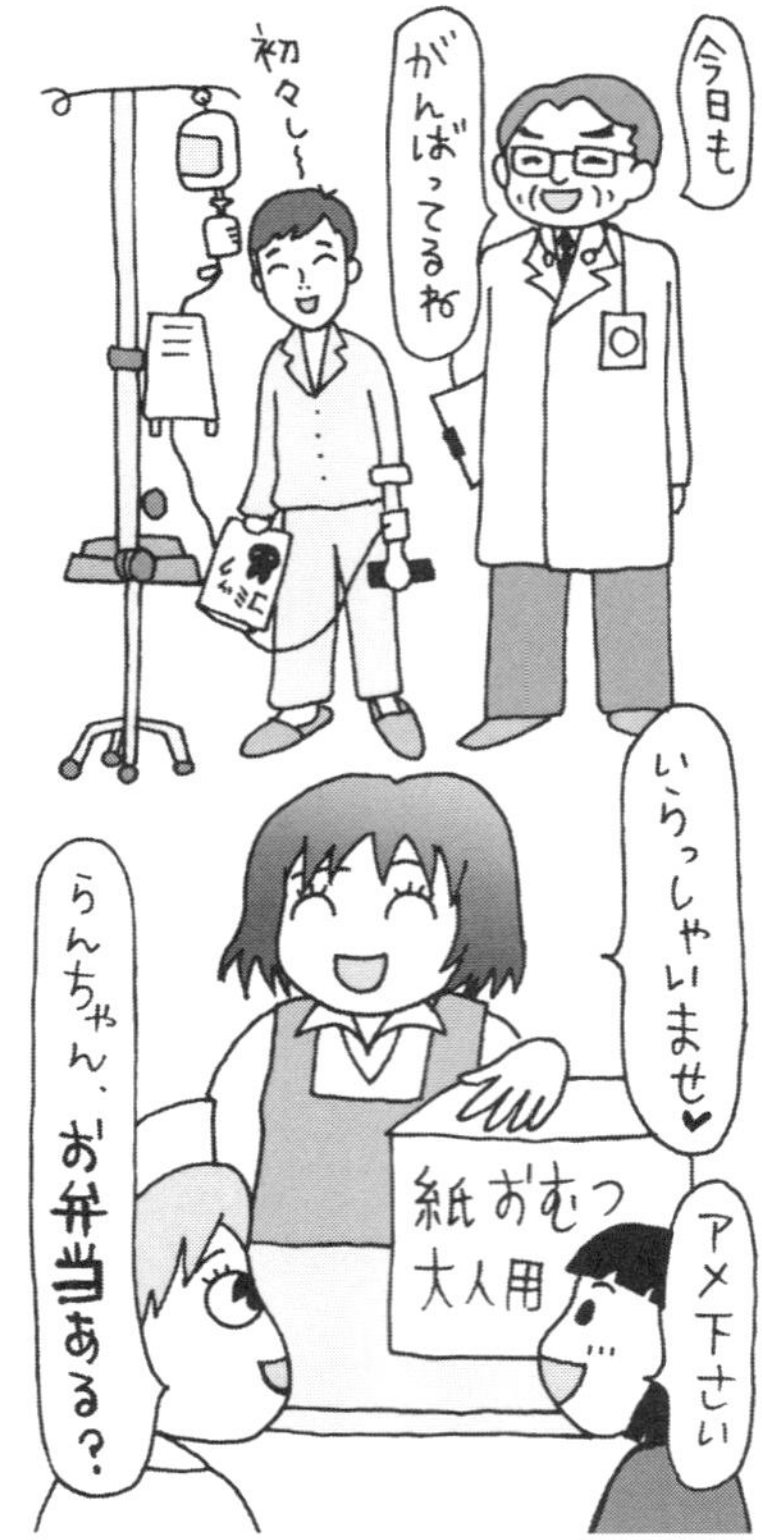

転職の原点

私が高校生のときにやっていた病院の売店の仕事のことを思い出してみます。

高校生のときにやっていたアルバイトなので、職歴といっていいものなのかわかりませんが、私の「仕事」の原点なので少し触れてみたいと思います。

私は「高校に入ったら自分のおこづかいは自分で稼ぐ！」と決めていました。

そして高1の終わりごろ、通学途中にあるスーパーでレジのアルバイト募集に申し込みました。

ところがこのスーパーはすぐ近くの大学病院内に売店を出していて、そちらの仕事がメインでした。

スーパーから品物を売店に運んでは売る、というシステムになっていました。

私の場合、売店までは家から歩いて5分ほどだったので、そちらに配属されることになりました。

そんなわけでスーパーで働くつもりだった私は大学病院内の売店で働くことになりました。

病院の売店だけあって売っているものが特殊。

浴衣《ゆかた》やサラシ、大人用紙おむつなどがところ狭しと並べられていました。

午後や休日はパートのおばさんと一緒に組んでやっているのですが、夕方になるとおばさんは帰ってしまいます。

さらに閉店の8時までの2時間ほどを高校生の私に任せて、店の主人もスーパーの方に戻ってしまいます。

「お金」を扱う仕事でしたし、よく入ったばかりの17歳の高校生に大事な店を任せられるな、と思いましたが、それだけ信用してもらっているのかもと思うと嬉しくて頑張って働きました。

昼間は外来の人でにぎわっていますが、夕方からは当直の先生やナースが夕飯のお弁当を買いにやってきます。

車椅子の患者さんや点滴をぶら下げた患者さんも暇つぶしに集まってきます。

ですから、一人でも退屈はしません。

時給はたしか500円台だったような気がします。

ずいぶん安い時給ですが、初めて働く私には十分な金額。

ほとんど毎日アルバイト先に通い、1ヶ月に3万円ほど稼いでいました。

高校生のおこづかいとしてはかなりリッチでした。

一人で気楽な時間も長かったし、お客様は優しい人ばかりで楽しいところでした。

卒業までの2年間ばっちり働きました。

このころから「仕事は楽しいもの」というイメージが私に焼きついたのだと思います。

たまたま、ここに働く人たちがみんな親切だったこともあり、社会に出るのも悪くないな、と思いました。

この売店のアルバイトは学校帰りに途中の駅で下りて自分の足で探したもの。

まだ高校生だったので求人広告を見るなどという知恵はありません。店先に貼ってあった「バイト募集」の紙を見て飛び込んだのです。

あれから20年、その**飛び込む感覚**は今もまったく変わっていません。

飛び込むときには勇気がいるけど、その先には楽しいことが待っているんだ、と信じているから。

当時、私を信用して売店を任せてくれたご主人に今でも感謝です。

おかげで私は仕事大好き人間になりましたから。

私がどんな仕事もためらわず、興味を持ったら「とりあえずやってみよう」精神でここまでこれたのも、自分の経験から自分に合った仕事を見つけてこれたのも、この売店でのアルバイトがスタート地点だったのです。

「私の仕事の原点。今も感謝しています」

どんな人が向いているか	あまり向き不向きはない
仕事の大変さ	相手が病人なので気遣いが肝心でも大変ではない
給　　料	時給500円～800円
仕事のやりがい	患者さんは売店が唯一の楽しみなのでやりがいがある
残業はあるか	ない
お休みは取れるか	取れる

第2章／職業別 奮闘編～不滅のハローワーク～

25 エンジョイライフコンサルタント

天職はあなたをきっと待っている!!
背中を押しに
行くぞ!!

また楽しい仕事を発見!

いまだに日本は「転職をマイナスに考える」風潮が根強くあります。
そのおかげで、「辞めたいのに辞められない」人がどれほど多くいることでしょう。
もちろん、「真面目で辛抱強い」ことはとても大切なことです。

日本人はこれが最高の美徳と思っています。

でも私はイヤな職場でイヤな仕事を続けることが我慢のしどころだとは思いません。

仕事でストレスを溜めることは本人のためにも幸せではありませんし、周りも迷惑します。

イライラして、「自分が一番不幸だ」という顔をして、みんなを不愉快にします。

こういう人が職場に一人いるだけで空気が悪くなります。

人生つまらないオーラが伝染してしまうのです。

人には必ず自分に合った仕事があります。

それは私が21年をかけて転職を繰り返してきた中での「確信」です。

ただ残念ながら、天職に一発でめぐり合う可能性は低いのです。

特に「公務員」など「安定」が最大の魅力ですし、一度辞めるとそう簡単に戻れないので、仕事にうんざりしていても一生やってしまうパターンが多いでしょう。

うんざりした仕事に大事な一生を使うなんて、私にしてみたら死んでいるのも同然。

世の中、楽しく働いている人ばかりだったら、イジメもないし、どんなにいいだろうと思います。

転職の話はみんな興味があるらしく、私のこれまでの体験談を話すととても面白がられました。

そのうちに、「うちの大学に来て就職向けにセミナーをして欲しい」という短大生があらわれたりしました。

「私の話は人の役に立つの？」と嬉しい驚きでした。

みんな就職に迷い、どんな仕事をしたらいいかすごく関心があるのです。

だけど、勇気がない、それだけ。

「転職は楽しいものだよ！」と言って、背中を押してくれる人を心のどこかで待っています。

だったら、私が押してあげましょう！

これまでは私のごく身近な人の背中をさんざん押してきました。

「これからはもっと多くの人の背中を押してあげよう」そう思い日本全国を講演して歩くことに決めました。

肩書きは「エンジョイライフコンサルタント」です。

「講師」として人前で話す経験はまったくありません。

「話し方講座」も受けたことがないので、上手に話せるかどうかはわかりません。

そうこうしているうちに、神戸のある会社から「自己実現」というテーマでの講演依頼の話が本当に舞い込みました。


いよいよ講演デビューです。

当日はなぜか緊張しませんでした。

ふだん、友人に話す感覚で話せばいいと思っていたから。

私の講演で一人でも多くの人が勇気を得て、明日への一歩を踏み出して欲しい。

そして、私がしてきた多くの失敗を参考にして、同じ失敗をなるべくしないで、天職への近道を行って欲しいのです。

講師という仕事はこんなに面白いものかとまた楽しい仕事を発見してしまいました。

やってみよう、と決めるまでは多少の不安もありました。

けれど私にはこの20年間、どんなときも私の背中を押してくれた一人の友人がいます。

その友人が「講師？　あなたなら絶対できるよ。だってこれまでもずっと私に話してきたじゃない。それが少し大勢になるだけでしょう？」と言ってくれました。

自分の中ではほぼ確定していても、もう一歩のところで踏み出せないとき、この「友人のひと言」が何度助けになったかしれません。

石橋をたたいてばかりいたら、橋の向こうにある宝物はゲットできません。

渡ってみて、もし橋が落ちたら？

下の川を泳いで渡ればいい。それはそのとき考えましょう。

人間の脳って瞬時にものすごい力を発揮し結果を出せる能力があるんです。

ご心配にはおよびません。

18歳で美容師を志した田舎《いなか》の小娘が、今、大勢の人の前で講演しているのですから、人生って面白いですね。

今ではあらゆる年齢層の人たちが、転職や人生に迷ったとき私の体験談を聞きにきて参考にしてくれています。

「ナマの転職話」は単なる想像と違い、多くの方に役立つようで、かなり細部にわたって助言ができます。

一番大事なのは、転職が人生をエンジョイすることにつながらなければ意味がないということです。

私のこだわりは、「**エンジョイライフ**」。

みんな大人になるにつれ、楽しむことをあきらめ「生活をする」だけの日々になってしまいます。

なんて淋しいことでしょう。

つまらない、つまらない、と言っている毎日から早く抜け出して欲しい、そのお手伝いをぜひしたい！　とこのコンサルタント業を始めたのです。

ずいぶん大勢の人の転職の後押しをしてきましたが、誰一人として転職して失敗だったという人はいません。

良い仕事にすぐ転職できない場合でも、すでに**ジャンプ力がついている**ので、すぐ次へとジャンプしていきます。

そうしているうちに必ず自分に合ったところにたどりつきます。

あきらめない限り。

決してあきらめないこと、これもエンジョイライフをゲットするための必須条件です。

振り返ってみると私の人生は昔話の「わらしべ長者」のようです。

初めはワラ1本から始まって、最後は宝物にたどりつく。

みなさんもワラ1本から始まっているのだとしたら、何かに変えていった方が役に立つのではありませんか?

あまりいつまでもウジウジしていると、私が背中を押しに行きますからね。

「あなたの転職は天職に通じている。自分を信じるべし」

どんな人が向いているか	世話好きな人 前向きに人生を楽しんでいる人
仕事の大変さ	ない!!（どんな苦労も楽しい）
給　　料	決まった金額はない ケースバイケース
仕事のやりがい	自分の経験が大勢の人の役に立つのは楽しい
残業はあるか	自分で働く時間を決めるのですべて自由
お休みは取れるか	自分で働く時間を決めるのですべて自由

第3章

転職を迷うあなたへ

ささやかな安定を失うのが、そんなにコワイですか？

なぜ転職を迷うのか

ここで今一度、転職と向き合ってみたいと思います。

仕事をしていて転職を考えたことのない人はきっといないでしょう。

でも、実際に転職に踏み切る人はどのくらいいるでしょうか？

「辞めたい」というのが口癖になったまま、何十年と同じところで我慢している人たちが大勢います。

辞めたいのに辞めない。それとも辞められない？

辞められない事情があるから？

家族の反対、世間体、経済状態の低下への恐れ……。

それぞれにもっともらしい理由はあるのでしょうが、どれもただの言い訳にしか聞こえません。

本音は**転職する勇気がない**だけなのです。

転職先にはどんな困難が待ってるかもわからない。

何もかもイチから覚えなくてはならないから、相当面倒くさいことが待っています。

そんなエネルギーを使うくらいなら、慣れた職場でいやいやながらも我慢したほうが楽かもしれません。

少なくともそのまま会社に足を運んでさえいれば、ささやかな安定を失わずにすみます。

でも、やっぱり毎日つまらないからグチ、グチ、グチ。

転職によってお給料が半分になってしまうとしたら、家族はもちろん反対するでしょう。

でも本気で転職したいと思うなら、当面その不足分を補うためアルバイトをすることだってできるのに、そんな元気は出せないというわけです。

迷っているのは、家族のせいでも、金銭面でも何でもなく、「自分はまたイチから頑張れるのかどうか」自信がないからではないでしょうか？

決断してしまったら頑張るしかなくなるので、それが面倒くさいのです。


いろんな言い訳をやめて、弱い自分をよく見つめてみてください。

「あなたは自分の人生を本当はどうしたいのですか？」

やりがいのある仕事は見つけたいけど、一歩を踏み出すパワーがない。

それならば好きなだけ、そのままずっとその職場にいたらいいじゃありませんか。

そのかわり「辞めたい、辞めたい」と言うのは周りに迷惑なのでもうやめましょう。

勇気がなければ転職は無理ですからね。

退職するのが先？　それとも転職先を探すのが先？

もちろん、行き先を確保してから転職するのが一番です。

次が見つかっていないのに辞めてしまうと、よほどの貯金がない限り、収入を確保するため焦《あせ》って探す結果になり失敗しやすいようです。

そうなると、本当に自分がやってみたい仕事を探すというよりも、とりあえずお金が欲しいのでくだらないアルバイトに走ったりしがちです。

その場しのぎで入ったはずのアルバイトに意外なやりがいを見出せ、楽しくなってしまった、という嬉しいケースもないことはありませんが。

ただ、そんなことはめったにないので、またすぐにイヤになり辞めます。

一度、短期間で辞める感覚を身につけてしまうと「辞めグセ」がつき、気に入らなかったらすぐに辞めていく、さすらいのフリーターが誕生してしまいます。

えっ？　私がまさにそうじゃないかって？

たしかに私の52回という転職回数をみると、こらえ性のない、いい加減な人だと思われるかもしれません。

でも、私は、自分自身が、後ろ向きに辞めたのではなく、**前向きに転職してきたことを知っています。**

他人がどう思おうと、関係ありません。

私は、私の人生を、もっと良くしたくて転職してきたのです。

私は22歳からずっと一人暮らしなので、とにかく家賃を確保しなければなりませんでした。

でも転職を何度もしているとさすがに貯金が貯まりません。

親兄弟には迷惑をかけられないので、アルバイトをいくつもかけもちして食いつないだこともありました。お給料のいいころに借りたアパートだったので家賃が高くて、当時はそれだけに振り回されていました。

結局、その場しのぎのフリーターにはこの家賃の確保はもう無理！　と判断し、安いアパートに引っ越しました。

そうすると経済状態がラクになって、地に足をつけて職探しができました。

まずはこうして支出を抑《おさ》えることも大事だと思います。

在職中に転職先をきっちり見つけ、収入に穴をあけなければこんな苦労は必要ありません。

仕事をしながらよその面接を受けるのはルール違反だと考える人も多いようですが、そんなことはありません。

面接官に正直に「現在は在職中です」と言っても、嫌がられることはありません。

「○月○日には退社して、○月○日からこちらに出社できます」と言えばいいだけのことです。

金銭的にも精神的にも余裕を持って転職先を探しましょう。

最初から興味を感じない職場に、収入のためだけに転職するのは、馬鹿げていますからね！

面接で「なぜ前の会社を辞めたのですか？」と聞かれたら

「なぜ前の会社を辞めたのか？」という質問は必ずといっていいほどされます。前もってセリフを用意していくことをお奨《すす》めします。

本当は人間関係で辞めていたとしても、違う理由を用意しておきましょう。事実はともあれ、人とうまくやれないタイプと判断されるおそれがあるからです。次の職場に差し支《つか》えない理由にするのが無難でしょう。

私の場合、キャディから結婚相談所のカウンセラーになったときは、「足の故障で長距離が歩けなくなったので」と言いました。

やりがいがなくなったからとか、お給料が安いからとか、事実をありのまま話したのではイヤがられるのがオチです。

経歴を偽《いつわ》るのはいけないことですが、退職理由の多少の虚偽は仕方ないと思います。

私がもし過去の面接で正直に退職理由を話していたら……

「社長にセクハラされた」「イジメられた」「面白くない」「インチキくさい」などろくなものがありません。

これを全部言ってたのでは面接は落ちるに決まっています。
わざわざ面接に落ちに行くことはありませんからね。
要は次の職場で頑張ればいいのです。
そのためには面接を何としても突破しなければ話になりません。

思い出は美化してから話しましょう
先輩はみんなやさしかったです
社長もかわいがってくれました
とてもいい社風でした！
ただし、美化しすぎには、注意…
そんなにいい会社なら
やめる必要なかったでしょ？

転職先での心得

入社初日、まずは第一印象が肝心です。

初めて会った人にはとにかく**「笑顔」をアピール**。

当たり前のようですが、挨拶ははきはきと、何かを教えてもらったときには必ず「はい」と答えること。

そして厳禁なのが、香水とタバコ。

この2つは嫌いな人もいるので、しばらくは様子を見て控えた方がいいでしょう。

こんなことで嫌われたのではバカバカしいですからね。

これは私の作戦の一つですが、「モノ」を持っていくことをおすすめします。

コーヒーを飲む職場だったらコーヒーとクリームとか、お菓子を持っていきます。

これはなるべく入社して3日以内がいいと思います。

初日に持っていく必要はありません。

なぜなら1日目はそこにいる人たちの嗜好や習慣を見る必要があるからです。

人は意外と単純ですから、こんな「モノ」一つで「好印象」をゲットできます。

面白いぐらいに急にみんなが優しくなりますからね、ぜひお試しあれ。

でも、お菓子を届けたら肝心な仕事は手抜きしてもいい、ということではありません。

「モノ」を持っていくことよりもっと大事なのは、与えられた仕事を精一杯やること。

どんな仕事もある程度きわめなければ、そのおいしい部分はわかりません。

それまでは、**どんな小さな仕事もバカにせず**一生懸命やっていくことが一番大切です。

自分はしょせんアルバイトだからとか、時給が安いからとか理由をくっつけてすぐに手抜きをする人をよく見かけますが、そういう人はいつになっても天職にめぐり合うことはできないでしょう。

さて、最初の好印象をゲットした。仕事も一生懸命やっている。そうしてしばらく働くうちに障害になってくるのが、「人間関係」。

上司や同僚との不仲です。

でも、深く考え過ぎてはいけません。

そんなときは考え込むより、まず「笑顔」。

子供たちの世界を見てみてください。すぐに新しい環境に順応するじゃありませんか。

大人は深く考え過ぎています。

イジメにあったり、友人のできない人には必ず共通点があります。

「笑顔」がないのです。

だからといって年中ヘラヘラしているのとはまた違います。

挨拶のときだけでいいから「笑顔」を作ること。

小さな仕事に手を抜かず、笑顔があるならまず嫌われることはないはずです。

相性が合う合わないはたしかにありますが、この2つがちゃんと守れれば、あなたの仕事人としての誠実さは周囲に伝わるはず。

そうすれば必ず評価してくれる人がいるはずです。

世の中には**イイ人がいっぱいいます**。これだけは保証しましょう。

だからこそ私は懲《こ》りもせず52回もの転職ができたのです。

私は次の職場に行くのに「人間関係」の面で不安を感じたことはありません。

だって優しい人が本当に多いですから。

あとはあなたの心がけ次第。簡単なことです。

もしかしたら一生の大親友や師匠になる人が待っているかもしれませんよ。私が出会ってきたみたいにね。

自分の人生。言い訳はやめよう！

いくら夢を語っても、結果を出さなければ誰も相手にしてくれません。

またこいつの虚言癖《きょげんへき》が始まったと言われて、そのうち相手にされなくなります。

私の夢は年がら年中変わってきたので、家族にまったく信用がありません。当然のことです。

でも夢がそのときごとに変わっていく、ということはあっていいと思います。

大事なのは**簡単に妥協しないこと**。

今まで妥協して生きてきた人たちの哀れな姿をさんざん見てきましたから、それだけはしないで欲しい。

自分の持てる力を出せない職場で、平凡に、無難に、退屈に生きて幸せと言えるのでしょうか？

こんなもんさ、人生は、などと言ってあきらめるのは早過ぎます。

夢を夢で終わらせないためには、人一倍の精神力が必要です。

一度挫折したぐらいで「もうダメだ」とあきらめてしまうようでは、夢に到達できません。

子供のころ、野良犬や野良猫を拾ってきては、こっそり給食の残りをやるのが大好きだった私は、大人になってトリマーを目指して挫折し、ペットシッターをやってもまた挫折しました。

動物が好きだから、それを仕事にしたらさぞかし楽しいだろうと思ったのに、いざやってみたら仕事にするには向いてなかったのです。

こんなふうに自分の思うようにはなかなかいかないけど、やってみなくてはわかりません。

いかに向いていないいか、ちゃんとわかってよかったと思っています。

それがわかればまた次のステップに移れます。

ひどく遠回りしたような気がしていても、しっかり階段を上がってきています。

誰もがあきらめてしまう階段を、最後まで上がった人だけが結果を出せるのです。

私の知り合いで、本当は自分はパイロットになりたかったんだ、と語る40代の男性がいました。

なぜ、ならなかったのか訊《たず》ねると、その学校に入るお金が家にはなかったからあきらめたのだと言っていました。

彼のその後の人生は辛いことの連続です。

パイロットになる夢が頭に残って離れずに、年中「こんなはずじゃなかった」とグチの言い通しです。

お手軽なところで、ヘリコプターの免許を取って自分をごまかそうとしたようでしたが、パイロットの夢には到底およびません。

結局、何をしても虚しくなってしまったようで、自暴自棄《じぼうじき》の日々を送り、自分自身さえも信じることができなくなってしまいました。

そこから彼の転落人生は始まり、詐欺《さぎ》まがいの怪しい商法を考え出してみたものの、一銭にもならず、いまだに泥沼から這《は》い上がれずにいます。

いつだったか彼が、乗用車を運転しながら飛行機を操縦しているかのようなシミュレーションをしているのを見てしまいました。

よほどパイロットになりたかったのでしょう。

いくつになってもあきらめがつかないのです。

自分がコレ！　と思った夢はそんな簡単にあきらめてはいけないのです。

当たって砕けたなら、それがれっきとした結果です。

それならそれで納得できるはず。

砕けるのが怖いからって、当たってみもしないで言い訳するのは卑怯《ひきょう》です。

人間の精神構造はあなたが思うよりずっと強い。

どんな困難からも立ち上がれるようにできています。順応性もあります。

この世に人間として存在していられるのはほんの短い時間です。

ボヤボヤしていると、あっという間に骨になってしまいます。

良い結果が欲しいばかりに挑戦できずにいるくらいなら、大失敗しても挑戦したあなたの方がステキです。

もっとめいっぱい自分に正直に生きてみてはどうでしょう？

年老いてから自分の人生の言い訳をしたくはないですからね。

やるだけやったという
達成感が、たまらない。
まっ白…

自分の可能性から目をそむけるな！

私にとって10年間のキャディ生活は我慢の連続でした。

同僚の陰湿な陰口、先輩のイジメ、理不尽な上司の命令、悪天候の中の仕事、お客の暴言。

楽しいと感じた時期もありましたが、次第に仕事に行きたくなくなりました。

目の前にゴルフ場があるというのに、好きなゴルフをする元気もなく、旅行も行かず、つまらない毎日がただ過ぎていくという日々でした。

それでも転職には踏み切れなかった。

そのままそこで我慢しているしかないのだと思い込んでいたのです。

リストラされたことでそこから脱出できたとき、「これからは**無駄な我慢をするのはやめよう**」と決めました。

自分のやりたいことのための我慢ならいくらでもしよう、そのためなら、イヤな人に頭を下げるのも嵐の中を歩きまわるのも、何でも我慢しよう。

自分が納得できない仕事の中での我慢は時間の無駄です。

一度キャディを辞めてから、他のアルバイトを転々としてなかなか良いお給料のところが見つからないときは、ついつい昔取ったきねづかで、違うゴルフ場に再就職したこともありました。

あれほどイヤでイヤでたまらなかった仕事にまた就《つ》くなんて実にあきらめが悪いですよね。

もしかしたら、ゴルフ場が変われば客層も違うし、職場の人も上司も違うのだから、今度はうまくいくかもしれないと思ったのです。

でも、やはりそこに私のやりがいは見つかりませんでした。

今度は私からこの仕事に見切りをつけました。もう二度とキャディをすることはないでしょう。

一度、その職場を離れてみてまた恋しくなって戻ってみたけれど、再び戻ってみたその仕事は以前にもまして色あせて見えました。
昔別れた恋人をなつかしく思うようなものでしょうか？
思い出だけが美しすぎて、現実はそんなに良いものではなかった、という感じです。
いくら理想をかかげても、収入を得ていくためには何かしなくてはなりません。
だからやりたくない仕事でも我慢しているんだと人は言うでしょう。

でも、なぜやりたくない仕事で我慢するのですか？

やりたい仕事で我慢したらいいじゃないですか？

そんなに良い仕事は見つからない？　見つけようとしないだけでしょう。

就職難だと言いますが、本当にそうでしょうか？

毎週のように求人広告がどっさりポストに入るじゃありませんか？

「本当はこんなことがしてみたかった」、そんなものがきっと誰にもあるはず。

それを納得するまでやってみてはどうでしょう？

私は今日までの人生、少しの後悔もありません。


かつてリストラされたゴルフ場は経営難で、今になって続々とキャディが転職を試みているそうです。

早く見切りをつけさせてくれた当時の上司に感謝です。

あのリストラが私の人生を変えてくれたのです。

その時は、将来私にエンジョイライフコンサルタントとしての道が開かれるなんて思いもしませんでした。

こうして転職三昧《ざんまい》を経験した私は、いつの間にかとってもタフになっていました。


自分の可能性からどうか目をそむけないでください。

子供のころ、跳《と》び箱をとぶのに助走をつけて必死にジャンプできたあなたは、今もそこにいるのです。

あなたならきっとできると信じます。

迷わず自分の人生を生きて欲しい。心から願っています。がんばって！

タラコの

面接の極意

其の一　面接は電話から始まっている

私の定番のセリフはコレ↓「お忙しいところ申し訳ありません、求人広告を拝見した者ですが、面接をお願いできますでしょうか?」声のトーンは明るく!

其の二　どんな面接にもきちんとした服装で行く

つけまつげ、香水は×。ジーパンなど、ラフすぎる格好も厳禁。

其の三　履歴書には必ず写真を貼る　黒の水性ボールペンで書くと字がうまく見える

写真もルーズな格好はダメ。首から上だけでも襟つきのシャツを着てマジメさを表すこと。

其の四　時間厳守は当然　5分前には到着すること

早すぎるのも×。相手にも都合があるので、あまり早すぎると「ゲッ!もう来たのかよ!」と思われる。ケイタイの電源は建物に入る前に切っておくこと。

其の五　面接室に通されたら、座る前に履歴書を渡す

「よろしくお願いします」と言いながら、軽くおじぎをして両手で渡す。(卒業証書をもらうときみたいに)

其の六 「どうぞ」と言われてから座る

ときどき「お座り下さい」と言わない気のきかない面接官がいるが、相手が座ってしまったら「失礼します」と言って座ってOK。

其の七 緊張していると怒ったような顔になるので、つとめて表情をやわらげる

自然体で大丈夫。
相手が少し面白いことを言ったら、ちゃんと笑おう。

其の八 全部バカ正直に答えない

「朝起きるのが苦手なので、遅番が希望です」など、マイナスアピールになることは言わない。

其の九 自分を売り込む大事な場面やる気があることをアピールする

以前の会社を退職した理由を聞かれたときのために、差し支えのない答えを用意する。特に、人間関係や会社の不満は厳禁。「融通のきかない人間」だと思われる。

其の十 帰り際は「ありがとうございました、よろしくお願いします」と言って、丁寧にお辞儀
相手の顔を見て余裕のスマイル！

建物から出て、遠く離れるまで気を抜かない。ホッとしてタバコを吸ったり、ケイタイのメールチェックは駄目。どこから見られているかわからないぞ。

【ランの転職年表】

（1）1982.6月～1984.3月【大学病院内の売店&スーパーのレジ】（2）1984.6月～1985.4月【美容室「F」】（3）1985.4月～1985.7月【ミスタードーナツの売り子】（4）1985.7月～1985.8月【市民プールの監視員】（5）1985.9月～1987.3月【ゴルフ練習場の喫茶コーナー】（6）1986.4月～1987.5月【トリマー】（7）1987.3月～1987.6月【スーパーマーケット内の青果部門】（8）1987.6月～1987.8月【薬局】（9）1987.8月～1987.8月【ポーラ化粧品の美容部員】（10）1987.8月～1989.6月【埼玉県　Kカントリークラブ】（11）1989.6月～1997.10月【埼玉県　Aゴルフクラブ】（12）1998.6月～1998.10月【教材の営業】（13）1998.10月～1998.10月【補整下着の営業販売】（14）1998.10月～1998.11月【キャバクラ「R」】（15）1998.11月～1998.12月【キャバクラ「S」】（16）1999.1月～1999.2月【クラブ「Y」】（17）1999.2月～1999.2月【クラブ「N」】（18）1999.2月～1999.3月【スナック「A」】（19）1999.4月～1999.5月【スナック「T」】（20）1999.5月～1999.6月【スナック「H」】（21）1999.6月～1999.9月【ペットシッター】（22）1999.6月～1999.6月【移動販売のパン屋】（23）1999.7月～1999.12月【大手電気メーカーの賄い】（24）1999.12月～2000.10月【クラブのカウンター】（25）1999.6月～2000.4月【クラブの時間外清掃】（26）2000.4月～2000.5月【スナック「M」】（27）2000.5月～2000.10月【埼玉県　Hカントリークラブ】（28）2000.10月～2000.12月【スーパーのお惣菜コーナー】（29）2001.1月～2001.3月【居酒屋「D」】（30）2001.4月～2001.6月【埼玉県　Fカントリークラブ】（31）2001.6月～2000.12月【埼玉県　Sゴルフコース】（32）2001.1月～2002.1月【埼玉県　Kカントリークラブ】（33）2002.2月～2002.2月【オリジン弁当】（34）2002.2月～2002.2月【コンビニ用仕出し弁当工場】（35）2002.2月～2002.3月【ゴルフ練習場の受付】（36）2002.4月～2002.7月【室内プールの監視員】（37）2002.9月～2003.1月【大手企業のカフェテリヤ】（38）2003.2月～2003.9月【室内温水プールの監視責任者】（40）2003.9月～2003.9月【幼児専門バトンインストラクター】（41）2003.9月～2003.11月【有名お菓子メーカー工場の事務】（42）2003.12月～2004.2月【ゴルフ練習場の喫茶コーナー】（43）2004.3月～2004.3月【居酒屋「Y」】（44）2004.3月～2004.3月【結婚相談所のカウンセラー】（45）2004.3月～2004.4月【スポーツクラブの受付】（46）2004.4月～2004.4月【製麺工場の流れ作業】（47）2004.4月～2004.6月【歯医者の受付】（48）2004.6月～2005.6月【保育士】（49）2004.7月～2005.10月【引っ越し屋】（50）2004.7月～2005.10月【ポスティング】（51）2005.10月～現在【パチンコ屋の軽食コーナー】（52）2005.10月～現在【エンジョイライフコンサルタント】

八汐田　藍　（やしおだ　らん）
1966年、東京都生まれ。
高校を卒業後、美容師、トリマー、キャディなど、21年間で計52回の転職を経験。エアロビクスインストラクター、アクアビクスインストラクター、トリマー、水上安全救助員の資格のほかに、真言宗寺院にて得度、僧侶の資格を得る。現在は「エンジョイライフコンサルタント」として、講演活動など積極的に活動中。
e-mail　mikapantaka@r7.dion.ne.jp（講演依頼受け付け中）

転職の女王が大公開！　不滅のハローワーク

2006年4月12日　第1刷発行

著者　八汐田　藍
発行者　阿部英雄
発行所　株式会社 教育評論社
〒103-0001　東京都中央区日本橋小伝馬町2-5 FKビル
TEL.03-3664-5851　FAX.03-3664-5816
http://www.kyohyo.co.jp

印刷製本　萩原印刷株式会社

ISBN 4-905706-02-5　C0030